지능의 역사

HISTORIA VISUAL DE LA INTELIGENCIA

지능의 역사

인류의 기원에서 인공지능까지

호세 안토니오 마리나 지음
마르쿠스 카루스 그림
윤승진 옮김

라이팅하우스

이 책은 미래에서 온 우스벡이 '인류의 지능'이라는 흥미로운 주제의 미스터리를 밝히는 여정으로 구성되어 있다. 책을 이해하고 정리하는 데 도움이 되는 마인드맵부터 글의 내용을 보충 설명하는 이미지 그리고 단순히 그 자체로 존재 가치가 있는 삽화들까지……. 이런 시각적인 다양성이 텍스트와 어울려 인류의 지능이 지닌 놀라운 면모를 직관적으로 보여줄 것이다.

목차

인류의 수수께끼

USBEK

우스벡

나는 인간의 행동을 비웃거나 미워하거나 혐오하지 않았다.

인간의 행동을 이해하려고 조심하고 또 조심했을 뿐이다.

– 바뤼흐 스피노자(『정치학 논고』, 1677)

지능의 미스터리

여기 우스벡이라는 가상의 인물이 있다. 그는 먼 미래에서 찾아와 우리 인류와 인류의 창조물이 지닌 비밀을 밝히고자 한다. 우리는 종종 너무 가까이 있거나 이미 익숙해진 현상을 인식하지 못한다. 조금 멀리서 바라보는 우스벡과 함께라면 그동안 우리가 잊고 지냈던 역사를 되찾을 수 있을지도 모른다. 그는 우리 인간의 생활양식에서 자기가 속한 문명에 전파할 만한 흥미로운 무언가를 찾고자 한다.

우스벡은 먼저 현재 인간의 문화라 할 수 있는 다양한 표본을 살펴본다. 도시, 예술, 종교, 무기, 의료 체계, 정치 체계, 음악, 7,000개의 언어, 잠재력 있는 정보 기술 등이다. 이 표본들 속에서 우스벡은 인간의 역설적인 행동을 발견한다. 예를 들면 인간은 다른 사람과 함께 살아가야 하지만 여러 이유로 서로를 죽이기도 한다. 또한 인간은 많은 것을 만들어 내지만 결코 그 결과에 만족하지 못해서 만들기를 반복한다. 인간은 다른 생명체와 달리 항상 변화하고자 한다. 나무나 동물은 계절에 따라 자연스럽게 모습을 바꾸지만, 인간은 다른 이유로 매일 옷을 갈아입는다. 인간은 논리적으로 생각하는 능력을 지녔지만, 종종 비논리적으로 행동한다. 실로 많은 인간이 한 번도 보지 못한 존재를 믿거나 그런 신념에 따라 움직이는 모습만 봐도 그렇다. 이처럼 인류의 수수께끼는 종종 인식하기 어려운 현상으로 발견되며 이는 인간 지능의 미스터리이기도 하다.

마찬가지로 우리는 먼 문명에서 온 우스벡의 지능 구조를 잘 이해하지 못한다. 우리 인류보다 뛰어나기 때문이다. 우스벡의 읽기 능력은 컴퓨터와 비슷하다. 그는 1초에 7억 장에 달하는 분량을 읽어 낸다. 우리 인간은 1분에 단어 700개도 읽기 버거운데 말이다. 그의 강력한 '작업 메모리'도 놀랍다. 작업 메모리란 거대한 정보 처리 시스템을 활성화하는 능력이다. 엄청난 양의 정보에서 패턴을 인식하는 '빅데이터 기술'뿐만 아니라 역사에서 유사한 정보를 찾아내는 능력까지 지녔다. 하늘 아래 새로운 건 전혀 없다는 것이 그의 문화가 가진 통설이다. 그건 우리 인간의 문화에서도 마찬가지다. 최초의 신학자들이 말하던 신이라는 개념도 그들이 이미 가지고 있던 '군주'라는 개념에서 비롯됐다. 또한 최초의 원자 물리학자들은 원자를 작은 태양계로 생각했었다.

우스벡이 사고하는 방식은 매우 시각적이다. 우리가 비주얼 씽킹Visual thinking이라 부르는 기술과 매우 유사하다. 이는 개념 지도나 그래프, 그림 등에 많은 지식을 종합하는 사고방식으로, 우스벡이 자신의 보고서를 작성하는 데 활용한 전략이기도 하다. 우스벡의 문명에는 홀로그램 메모리 시스템이라는 것이 있어서 정보의 단편만으로 그 전체를 파악할 수 있다고 한다. 우스벡의 생각하는 속도와 방식이 매우 빠르고 포괄적이어서 나는 종종 그가 어디서 그 많은 정보를 찾아내는지 확인해야만 했다. 발언의 진위를 의심해서가 아니라 그가 왜 그런 말을 하는지 알고 싶었기 때문이다.

이쯤에서 나를 소개한다. 나는 우스벡의 언어를 우리 언어로 옮기는 번역가 잼이다.

JAM

잼

1

현재의 계보

트윗2.

우스벡은 인류의 문화가 자연에서
점점 더 멀어졌다는 사실을 발견한다

우스벡은 사피엔스를 이해하고자 한다. 먼저 사피엔스를 이해하려면 그들이 무엇을 하는지 관찰하고, 그들 행동의 결과인 사실들을 비교하여 그 차이를 알아내야 한다. 그뿐만 아니라 인간 지능이 어떻게 진화했는지 알아내야 하므로 그는 무無에서 출발하기로 한다. 우스벡이 제일 먼저 알아낸 사실은 인간이 주변 환경과 상호작용한다는 것이다.

인간은 다른 모든 생물과 마찬가지로 주변 환경과 에너지를 주고받으며 정보를 교환한다. 따라서 당면한 현실과 자연환경이 같을 수는 있어도 모든 생물은 그 조건을 자기만의 방식으로 받아들이며 자기만의 '생태적 지위', 즉 자기 '세계'에서 살아간다. 야콥 폰 윅스퀼Jakob von Uexküll이라는 저명한 과학자에 따르면, 개의 세계와 개에 기생하여 살아가는 진드기의 세계는 매우 다르다(그는 진드기가 무려 18년 동안 아무것도 먹지 않은 채 생존할 수 있다는 사례를 언급하며 우리 인간의 세계와 대조되는 통찰을 제시한다 - 역주). 또한 제롬 레트빈Jerome Lettvin은 1959년에 「개구리 눈이 개구리 뇌에 해 주는 말」이라는 제목의 획기적인 논문을 발표하여 개구리의 눈으로 볼 수 있는 '세계'가 얼마나 협소한지 증명한 바 있다. 개구리는 자기 활동 반경에 나타나거나 움직이는 그림자만 겨우 식별할 수 있다. 심지어 먹이인 파리나 공생하는 다른 개구리조차 볼 수 없다. 움직이지 않고 가만히 있는 것은 보이지 않는다. 개구리가 볼 수 있는 것은 움직이는 그림자뿐이다.

우스벡은 고도로 조직화된 사회적인 생물 종인 개미의 세계도 연구했다. 개미는 수천 마리의 개체가 살 수 있는 거대한 개미굴을 건설한다. 각각의 개체는 생애 동안 하나의 기능을 효율적으로 반복해서 수행하도록 프로그래밍되어 태어난다. 일개미, 군대개미, 수개미, 여왕개미 등 그 종류도 다양하다. 개미는 적응력이 매우 뛰어나기 때문에 변화할 필요 없이 수천 년 동안 똑같은 생활을 반복해 왔다.

다른 생물 종과 비교할 때 사피엔스는 다양성과 변화를 받아들이는 열정이 놀라울 정도다. 다른 도시에 살며, 다른 옷을 입고, 다른 음식을 먹고, 다른 언어를 사용하고, 다른 생각을 하며, 수천 가지 물건을 만들어 내고, 갖가지 도구를 이용하여 자신의 능력을 확장해 왔다. 운동할 때, 출근할 때, 일할 때, 저녁 식사 약속으로 외출할 때, 잠잘 때 등등 때와 장소에 맞게 옷을 바꾸어 입는다. 육상동물이지만 때때로 하늘을 날기도 하고 바다에 잠수도 한다. 어떤 환경이든 적응한다. 다시 말해 생존 능력을 타고났다는 말이다. 그러나 그와 동시에 자멸에 이르는 것 또한 자신의 능력이란 사실을 사피엔스는 알고 있다. 이 모두가 진화의 결과지만 이제는 진화의 결과마저도 바꿀 수 있다는 것을 그들은 알고 있다.

우스벡이 인류에게서 발견한 놀라운 사실 중 하나는 바로 인류의 삶의 터전이 자연이 아니라 현실과 허구가 뒤섞여 있는 '문화'라고 부르는 배경이라는 것이다. 문화는 생각하고 느끼고 행동하는 방식에 영향을 미치는 발명의 총합이다. 지구는 밀집된 정보망, 수십억 개의 센서와 도로, 습지, 도시, 경작지 등으로 뒤덮여 있다. 셀 수 없이 많은 메시지가 매일 오고 간다. 인간과 현실 사이에서 그 둘을 연결하는 중개자 또한 다양하다. 과학자, 종교인, 신화학자, 시인, 경제학자, 기술자 등등.

여기까지가 우스벡이 사피엔스에 관한 연구에서 도출한 첫 번째 놀라운 사실이다. 사피엔스를 이해하려면 그들의 문화를 먼저 이해해야 한다. 사피엔스가 수천 년에 걸쳐 열정으로 건설해 낸 문화는 이제 그들의 진정한 '생태적 지위'가 되었다. 우스벡의 눈에 문화는 자연에서 점점 더 멀어지고 있는 세계로 보였다. 엠파이어 스테이트 빌딩의 모습에서 선사시대 동굴 이미지를 연상하기 쉽지 않은 것처럼 말이다.

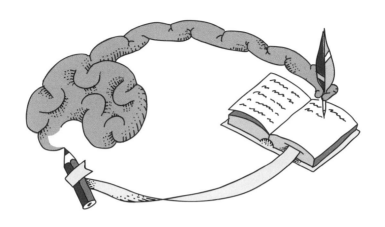

인간은 포로가 되어
경이로운 루프를 맴돌고 있다

우스벡은 필드노트(Field Note; 여기서는 우스벡이 인류를 연구하고 관찰한

내용을 기록한 책-역주)에 새로운 공식 하나를 쓰고 위대한 비밀이라

는 제목을 달았다.

위대한 비밀

사피엔스 = 생물 + 문화

그러나 잠시 후, 지우고 다시 썼다.

사피엔스 = 경이로운 루프

방정식을 이해하려면 먼저 그 성분들을 전개해야 한다는 것은 방정식
을 연구하는 사람이라면 누구나 알고 있는 사실이다. '생물학'이란 인체,

21

즉 인간의 몸을 연구하는 학문이다. 우스벡은 이제 문화가 무엇인지도 안다. 문화란 사피엔스가 자신의 필요와 기대를 충족하기 위해 만들어 낸 발명의 총체다. 예컨대 언어, 도구, 풍습, 놀이, 무기, 체제, 예술, 과학, 종교, 건축 등이 문화다. 한마디로 '인간 세계'다. 우스벡은 자신이 연구하는 '인간 세계'와 인간의 창조물들을 통틀어 '인문학'이라 불러야 하지 않을까 조심스럽게 생각해 본다. 그리고 '질문지'라고 이름 붙인 필드노트의 별지에 이렇게 쓴다.

'어찌하여 사피엔스는 21세기 초에 자신의 인본주의 전통을 잃은 걸까?'

인간의 모든 창조물은 일명 '지능'이 가진 마력에서 비롯된다. 인간들은 지능에 엄청난 힘이 있어서 그 덕분에 문제를 해결하고, 새로운 것을 발명하며, 행동을 결정하고, 그 밖에 많은 일을 할 수 있는 거라고 생각한다. 그리고 지능은 그들 신체의 일부인 뇌라는 기관에 자리하고 있다며, 우스벡이 다소 이해하기 힘든 설명을 덧붙인다. 다른 신체 기관들이 소화와 호흡, 몸을 움직이는 등 각각의 기능을 하는 것처럼 뇌는 생각하고 그 생각으로 문화를 창조하는 기능을 발휘한다는 것이다. 인간 세계보다 훨씬 더 진화한 문명에서 온 우스벡이 보기에는 지나친 비약이다. 간은 담즙을 생산하고 췌장은 췌장 호르몬을 분비한다. 간과 췌장이라는 기관이 그런 것처럼 다른 기관들이 만들어 내는 분비물 또한 물리적인 실재인 것이다. 반면 뇌는 생각이나 이미지, 감정 등을 생산한다. 그 둘 사이에는 엄청난 도약이 있다. 생물은 물리화학 반응에 따라 움직이지만, 수학은 그렇지 않다. 위액은 위라는 기관에서 생산되지만 상대성 이론이나 신곡은 뇌에서 생산되는 산물이 아니다. 전혀 다른 차원의 문제인 것이다. 전자는 물리적 현상으로, 후자는 임의로 '관념적' 현상이라 부르기로 우스벡은 결정했다.

그가 발견한 또 다른 놀라운 사실은, 지능과 문화는 순환하며 움직인다는 것이다. 지능은 문화를 창조하고, 문화는 지능을 재창조한다. 예컨대, 지능은 언어를 발명하고 언어는 지능을 재설계한다. 지능은 문자를 발명해 내고, 문자는 다시 지능을 설계한다. 우스벡은 이런 현상을 '경이로운 루프'라 부르기로 했다. 나는 전적으로 그의 결정에 동의한다. 문화가 일부 유전적인 요소를 변화시킬 수 있다는 사실은 이미 과학적으로 입증되었기 때문이다.

자기가 만든 공식에 만족한 우스벡이지만 사실 우스벡은 자신이 아무것도 이해하지 못한다고 생각했다. 그렇지만 어디서부터 시작해야 할지, 그리고 어떤 방법으로 접근해야 할지를 알고 있었다. 인간 세계를 현재의 모습까지 이끌어 온 원동력, 이유, 동기, 과정들을 이해하려면 인간 세계의 기원에서 출발해야 한다고 생각했다. 모든 사물, 모든 행동, 모든 습관 그리고 이 모든 것의 출발점인 신비로운 지능의 기원으로 거슬러 올라가야 한다. 우스벡은 엔지니어들의 작업 방식을 따라 해 보기로 했다. 처음 보는 기계가 있으면 엔지니어들은 각각의 부속이 무슨 기능을 하고, 그 부속이 왜 거기에 있고, 어떻게 만들어졌는지 알아내려고 기계를 분해해서 분석한다. 일명 '역공학(RE, Reverse Engineering)'이다. 우스벡은 인간의 뇌를 연구하는 작업에 그 방식을 적용하기로 했다.

역공학 : 인간이 창조한 기계와 물리적인 건축물의 계보를 연구한다. 학자

들이 신석기시대의 돌 연마 과정을 재현하는 방식, 기술자들이 경쟁업체의 비밀을 캐내려고 기계를 분해하는 방식과 유사하다.

역이력 : 역사적인 사건과 정치 체제, 종교 등을 연구한다.

반심리학 : 행동의 기원을 연구한다. 다른 현상들은 인간의 행동에서 비롯되기 때문에 행동의 기원을 연구하는 것이 가장 근본적인 접근법이다. 인간은 지능이 심리적인 문제라고 생각하지만, 우스벡은 그런 생각에 의문을 품는다.

우스벡은 현재에서 시작해 역사의 거친 물살을 거슬러 오르고자 한다. 비행기 한 대가 유영하듯 하늘을 나는 것을 보고 있자니, 이 이야기의 전개에 주도적인 역할을 담당한 그의 기억 창고가 우스벡에게 말을 건넨다. 비행은 현대에서 실현된 인간의 오랜 욕망이라고. 실제로 오래전부터 전해 내려오는 전설에도 비행에 대한 인간의 욕망이 나타나 있다. 샤머니즘을 신봉하는 주술사들은 자기 영혼이 하늘로 올라간다고 믿었다. 이카로스의 이야기는 날개에 얽힌 또 다른 전설일 뿐이다. 그러나 날고자 하는 욕망의 계보는 비행기 자체, 그러니까 그 기술과 기술의 발전을 이끈 더 구체적인 이유(예를 들면 '전쟁' 같은)의 계보와 맞닿아 있다. 사피엔스를 둘러싼 모든 것은 기억의 축적으로 귀결되며, 그 기억은 다시 살아날 수 있다. 기억을 되살리는 것. 우스벡이 진정 원하는 것이다.

도서관,
그곳에 장비가 축적되어 있음을 깨닫다

우스벡은 로드맵을 완성했다. 문화의 계보를 연구해 그것의 기원인 인간의 지능을 발견한다는 계획이다. 그림을 그리고, 비행하고, 누군가의 말에 감동하고, '돈'이라 부르는 종잇장을 구하려고 일하고, 또 그 종잇장으로 물건을 사고, 정치 체계를 조직하고, 자동차 수백만 대를 생산하고, 한 사람의 심장을 다른 사람에게 이식하고, 의학을 신뢰하면서도 신에게 병을 낫게 해달라고 기도하고… 이 놀라운 일들을 가능케 하는 인간의 지능은 대체 어떻게 기능하는 것인가? 우스벡은 도시를 거닐다 고문 도구 전시장에 들어간다. 그곳에 전시된 끔찍한 도구들을 파헤치면 미로와 같은 사피엔스의 지능을 이해하는 데 도움이 될지도 모른다고 우스벡은 생각한다.

25

그러다 문득 방법론상의 문제가 머리를 스쳤다. 문화는 매우 복합적인 현상인데, 대체 어디서 시작해야 하는가? 우선 현재의 계보를 만들어야 하는데, 현재는 매우 광범위하지 않은가. 우스벡은 도서관과 박물관에 문화의 일부가 보존되어 있다고 생각하고, 그곳에서 이 두 장소를 만들어 낸 인간 지능에 관한 연구를 시작하기로 했다.

도서관은 책, 다시 말해 글로 저장된 정보를 보관하는 장소다. 책은 인간 기억의 확장이며 인간 지능의 정수를 일부 담고 있다. 책에는 정보, 그리고 그 정보를 활용하여 능숙하게 행동하는 기술이 담겨 있는 것이다.

문자는 오랜 시간에 걸쳐 발명되었다. 처음에는 그저 기억을 돕기 위해 사용하는 기호에 불과했다. 기원전 7000년경부터 중국에서, 그로부터 1000년 뒤에는 발칸반도의 빈카Vinca 문화에서, 2000년 뒤에는 인더스 계곡 문명에서 문자를 사용했다. 문자 자체는 여러 곳에서 거의 같은 시기에 발명되었다. 메소포타미아 문명의 설형문자는 기원전 3200년경, 이집트의 상형문자는 기원전 3100년경, 크레타 문명과 미케네 문명의 문자는 기원전 2000년경에 만들어졌다. 황해 연안의 중국 도시들은 기원전 1400년경, 메소아메리카의 마야와 사포텍 문명 지역은 기원전 400년경부터 문자를 사용했다.

우스벡은 머릿속에 떠오른 의문점을 필드노트에 적는다 : '평행한 발명은 왜 그렇게 자주 일어났을까?'

우스벡은 식물의 왕국에서 유사성을 발견한다. 식물들은 발아 가능성을 높이기 위해 모종으로부터 가능한 멀리 씨앗을 퍼뜨려야 하는 과제를

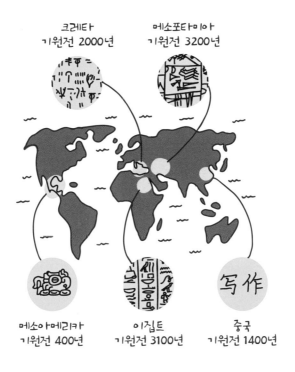

크레타
기원전 2000년

메소포타미아
기원전 3200년

메소아메리카
기원전 400년

이집트
기원전 3100년

중국
기원전 1400년

해결해야 한다. 모종과 가까이 있으면 씨앗이 제대로 뿌리내리기 어렵기 때문이다. 바람에 의지해 씨앗을 퍼뜨리는 식물이 있는가 하면, 동물의 털이나 날개에 붙어 이동할 수 있도록 갈고리나 끈적이는 물질을 만들어 내는 식물도 있다. 동물의 위에서 소화되지 않고 살아남아 끝내 싹을 틔우는 식물도 많다. 종자가 액체에 섞여 분출되는 식물도 있다. 예컨대 악마의 오이Ecballium elaterium라 불리는 매우 특이한 식물은 점액과 함께 종자를 찍 내뿜는다. 이 경우는 자연에서 자주 발생하는 현상인 진화론적으로 평행한 발명의 아주 좋은 사례다. 이에 우스벡이 내린 결론은, 생물은 보다 더 기능적인 대안을 기계적으로 만들어 내며, 가장 효율적인 대안이 최종적으로 선택된다는 것이다. 마찬가지로 사피엔스는 그러한 능력을 다음 세대에게 계승·발전시켜 왔다.

그러나 문자의 경우는 매우 다른 양상을 띤다. 최초의 문자는 상형문자였다. 이때는 사물을 하나의 기호로 표시하는 정도에 그쳤다. 하지만 그 많은 사물을 모두 기호로 표시하기에는 한계가 있었고, 상형문자의 읽기와 쓰기는 누구나 쉽게 접근할 수 있는 학습 행위가 아니었다. 그러자 획기적인 발명이 탄생했다. 기호로 표현할 대상을 사물이 아니라 소리로 보기 시작한 것이다. 말할 때 쓰는 소리의 개수는 세상에 존재하는 사물보다 더 한정적이다. 다시 말해, 기호 몇 개만으로도(알파벳처럼) 말할 때 쓰는 단어들을 모두 표시할 수 있게 된 것이다. 그리하여 쓰기와 말하기는 이전보다 더 수월한 행위가 되었다.

이런 맥락에서 우스벡은 인간의 행위를 이해하려면 그러한 행위를 하는 인간의 의도, 즉 인간을 움직이는 동기를 먼저 파악해야 한다는 깨달음에 이르렀다. 사피엔스는 왜 문자를 발명했을까? 문자라는 찬란한 발명의 배경에는 결과만큼 위대한 목적이 있기 마련이라고 생각하기 쉽다. 신의 계시나 종교적인 비밀, 시적인 창조물을 보존하기 위해서였을까? 그렇지 않다. 지금까지 전해지는 가장 오래된 문서는 회계 장부였다. 문자를 발명한 사람들은 빚이 얼마인지, 소가 몇 마리인지, 물건값이 얼마인지 기억해 두려는 실질적인 목적이 있었다. 다만 이미 발명한 도구의 쓰임을 확장하려는 인간의 성향이 문자라는 발명에도 반영되어, 사회가 보존할 가치가 있다고 여기는 모든 것을 기록하는 데 문자가 사용되었을 뿐이다. 그뿐만 아니라 편지나 전보, 왓츠앱(WhatsApp, 페이스북이 운영하는 인스턴트 메신저의 한 종류 – 역주) 등을 이용하여 사람들끼리 소통하는 데에도 문자가 쓰인다.

우스벡은 인간 지능의 기능에 획기적인 변화를 일으킨 문자의 또 다른 적용 사례가 있을 거라는 생각에 이른다. 문자란 그것이 없다면 생각하는 것조차 불가능한 사물을 생각하게 해 주는 도구다. 여러분은 우스벡이 문자를 멍키 스패너나 드라이버 같은 도구로 취급하는 것이 어색하게 느껴질 수도 있겠다. 그리고 신, 국가, 영혼이라는 개념 또한 도구라 생각하는 사실을 알게 된다면 눈살을 찌푸리게 될지도 모르겠다. 그렇지만 나는 이미 그에게 설득당했다. 그의 말이 일견 합당하다고 생각한다. 도구란 사피엔스가 행동의 성공 가능성을 높이려고 발명한 사물에 불과하다. 다시 말해 도구를 사용해야만 이룰 수 있는 일들을 하려고 만들었다는 것이다. 과학자들에 따르면 도구를 만드는 것은 오직 인간만이 할 수 있는 행위다. 우스벡은 인간의 지능을 연구하는 과정에서 물리적인 능력을 향상하는 물리적인 도구(공구나 기계)와 심리적인 능력을 배양하는 심리적인 도구 몇 가지를 발견했다. 그중 하나가 바로 문자다. 우스벡은 매우 단순한 예를 들어 설명한다. $2{,}765{,}491{,}077 \times 367{,}984$처럼 큰 수를 곱할 때 숫자라는 문자를 사용하면 쉽게 문제를 해결할 수 있지만, 숫자를 사용하지 않는다면 쉽게 해결할 수 없다. 미국의 저명한 물리학자 리처드 파인만은, 생각한 것을 쓰는 것이 아니라 쓴 것을 생각하게 된다는 유명한 말을 남겼다. 시각적인 기호를 이용해서 생각하는 기법인 비주얼 씽킹도 같은 맥락에서 이해할 수 있다. 음악도 그렇다. 기보법이 없었다면 천하의 베토벤이라도 그 찬란한 교향곡들을 상상이나 할 수 있었을까. 귀가 완전히 먼 말년에는 음표 소리를 오선보에서 눈으로 확인해야 했으니 말이다.

우스벡은 도서관이라는 장소에서 계보 연구를 진행해야 한다고 생각한다. 당연하게도 말은 문자에 선행한다. 말하자면 문자는 말을 그래픽 기호로 전환한 것이다. 그런데 말의 역사는 미지의 영역이다. 약 20만 년 전, 인간의 역사가 시작될 무렵까지 거슬러 올라가야 한다. 이 책을 읽고 있는 독자들은 단어를 기반으로 생각한다. 그렇지만 언어를 발명한 사피엔스는 당시 말을 가지고 있지 않았다. 벙어리보다 실어증 환자에 가까웠다. 어원학적으로 '아직 말을 하지 못하는' 유아 같았다고 할 수도 있겠다. 언어가 어떻게 탄생했는지는 알 길이 없다. 그러나 분명한 것은 언어의 탄생으로 인간 지능은 급격한 변화를 겪었다는 것이다. 갑자기 어디로 가야 할지 난감해진 우스벡은 언어의 탄생 부분을 '빅뱅 영역'이라 부르기로 했다. 위대한 도약, 거대한 차이를 일으킨 사건. 우스벡은 그곳으로 향했다.

미술관에 전시된 그림을 믿지 말라
그림이 당신을 어디로 인도할지 당신은 알지 못한다

미술관 방문으로 우스벡은 또 다른 계보 연구를 시작하게 되었다. 인간은 그림이라는 조형 표현물에 특별한 가치를 부여한다. 물론 실용적인 성격의 그림도 있다. 예를 들면 지도, 건물 도면, 엔진 도해도, 의학 또는 식물 관련 논문의 도해 등이다. 그런데 우스벡이 방문한 미술관에 전시된 그림들은 특별한 성격과 목적을 가진 작품이었다. 인간은 이런 작품들을 '심미적'이라고 말한다. 다시 말해 작가의 재능과 기술이 엿보이며 보는 이로 하여금 '아름다움'이라는 특별한 감정을 느끼게 하는 작품들이다.

벽에 내걸린 작품들의 쓰임이 바로 그렇다. 눈으로 보고 감상하게 하는 것. 과거에는 성의 벽면을 장식하거나, 어떤 사람의 이미지를 보존하거나, 종교 의식에 사용하거나, 장사에 사용되기도 했지만 실상 실용적인 용도는 전혀 없었다. 하지만 그리기는 그리는 사람의 재능을 표현하고 어떤 감정을 끌어낸다는 두 가지 기본 요소에 좌우되는 행위였다. 더 눈길을 잡아끄는 대목은 그리기가 어느 시대나, 그리고 어느 지역에서나 행해진 인간 활동이라는 점이다. 물론 그 형태나 스타일은 다르지만 그림을 그리는 전통은 시대와 장소를 불문하고 지속됐다. 전통이라기보다 '습관'이라고 하는 편이 더 나을지도 모르겠다. 같은 사물, 예컨대 나무라고 해두자. 나무라는 하나의 실재하는 사물은 그것이 나무라는 것을 인식하지 못하더라도 많은 화가에 의해서 각각의 방식으로 그려질 수 있다. 서양화가와 동양화가 나무를 그리는 방식은 서로 다르다. 동물의 세계에서는 이와 유사한 행동이 관찰되지 않는다. 물론 틸로노린코라는 새는 암컷을 유혹하려고 둥지를 장식하기도 한다. 하지만 이런 행동의 목적은 공작 꼬리의 용도와 다르지 않다. 즉 본능적인 구애 행동에 지나지 않는다.

조형적인 표현이라는 물길을 거슬러 오르다 보니, 우스벡은 회화와 유사한 인간의 표현 활동을 발견하게 되었다. 약 3만 년 전, 인간은 악기를 장식하고, 찾아내기 힘든 동굴의 벽에 그림을 그리기 시작했다. 우스벡의 흥미를 끈 부분은 여기에도 평행한 발명이 있었다는 점이다. 인간의 회화 활동은 칸타브리아, 보르네오섬, 남아프리카 등 서로 매우 멀리 떨어져 있는 장소에서 시작됐다. 이때의 그리기는 아마도 주술이나 종교적인 목적으로 사용되었을 것이다. 1926년에 아리에주에서 삼형제Trois Frères 동굴의 지하 미로를 방문한 적이 있던 헤르베르트 퀸Herbert Kühn 박사는 터널에 갇혔던 무시무시한 경험을 고백했다. 일부 구간의 높이가 고작 30센티미터밖에 되지 않는 그 좁은 터널이 구석기시대의 거대한 성전으로 그를 인도했다. "좁디좁은 관 내부를 네발로 기는 기분이었다. 심장이 뛰고 숨을 제대로 쉴 수 없었다"라고 박사는 회고했다. 마침내 지하의 거대한 홀에 도착했을 때 그는 '구제'된 기분이었다고 했다. 그 방에서 그는 벽에 조각된 매머드, 들소, 야생마 등을 발견했다. 그 벽화에서 시선을 잡아끄는 장면은 단연 반인반수의 형상이었다. 반은 인간, 반은 짐승의 모습을 한 그 형상은 보는 사람의 눈을 꿰뚫을 듯한 큰 눈을 지녔다. 그 형상은 주변에 조각된 동물들의 주인이었을까? 아니면 동물과 사람, 자연과 신성의 잠재적인 결합 가능성을 시사하는 형상일까? 그 지하 터널의 방문은 새로운 시작을 예고하는 의식의 일부였을지도 모른다. 그 여행에서 느낀 감정은 박사를 송두리째 바꾸어 놓았다.

우스벡은 또다시 연구의 한계에 직면했다. 그리기를 비롯한 다른 예술적 재능을 계발하도록 인간을 이끈 원동력은 무엇이었을까? 최초의 피리는 약 4만 년 전에 만들어졌다. 과연 무엇이 미개하고 사냥으로 연명하는 그 유목민들을 음악이라는 창작 활동으로 유도했을까? 우스벡은 또다시 빅뱅 영역의 문턱에 와 있었다. 거대한 폭발이 일어난 그곳에.

그 자신조차도 말이 안 된다고 생각했지만, 문득 궁금해졌다. '사피엔스가 예술을 발명한 것인가, 아니면 다른 동물 종과 사피엔스를 구분 짓는 특징인 예술이 사피엔스를 성장시킨 것인가?'

**하늘은 사냥터이며
은하수는 사람이 만든 광경이다**

우스벡은 천문 관측소에서 다음 계보 연구의 첫발을 내디
뎠다. 거대한 망원경이 있어서 하늘을 관찰할 수 있게 되었지만, 우스벡
의 관찰은 천문학자들의 방식과 다르다. 어떤 의도, 계획, 사피엔스를 이
해하는 데 결정적인 역할을 할 단어들이 그를 이끈다. 그는 알고 싶다. 천
체가 어떻게 구성되었는지, 그 연원은 어디인지, 어떤 궤도를 따라 도는
지, 어떤 법칙에 따라 움직이는지…. 늘 그렇듯이 그는 호기심이라는 강
력한 동인에 따라 움직인다. 그는 과학자다. 시인은 태양과 별, 행성을 보
며 노래했지만, 과학은 다른 이야기를 한다. 과학은 위대한 심리적 창조
물이며 개념과 법칙, 이론, 측량법 등의 도구를 이용하여 진실을 밝혀내

는 하나의 방법이라는 사실을 우스벡은 깨닫는다. 우스벡이 특별히 주목한 부분은 측량에 대한 욕망이다. 하나의 '측량 단위'를 만들어 내려면 매우 추상적인 사고가 필요하기 때문이다. 이는 과학 지식의 중요한 부분을 인공 언어인 수학에서 얻을 수 있다는 뜻이다. 수학은 인간들이 '지능'이라 부르는 마력에 의해 창조된 산물이며 현실에 놀랍도록 잘 들어맞는 듯 보인다. 심지어 자연이 수학적 용어로 쓰였다고 말하기에 이르렀다. 그게 가능키나 한 일인가?

늘 그렇듯 우스벡은 역사를 거슬러 오른다. 천문학적 현상을 밝히고자 하는 사피엔스의 열정은 이미 수천 년 전에 불꽃을 피웠다. 한곳에 정착하여 농경 생활을 시작할 무렵이었다. 스톤헨지(기원전 2000년) 같은 거석 기념물은 천문학적 관찰 행위와 관련이 있다. 그 시대의 제사장들은 왜 그토록 열심히 하늘을 관찰했을까?

역사는 그보다 더 앞선 시간으로 거슬러 오른다. 영장류는 호기심이 많다. 볼프강 쾰러Wolfgang Köhler에 따르면 영장류는 문제 해결 능력을 갖추고 있긴 하지만 그 정도가 매우 제한적이다. 원시인들은 눈에 보이는 것을 이해하고 싶어 했다. 이해하려면 눈앞에 펼쳐진 현상을 설명해야 했다. 다시 말해 논리적으로, 감정적으로 혹은 시적으로 이야기할 수 있어야 했다. 설명한다는 것은 그것을 이해할 목적으로 무언가를 전개하는 것을 의미한다. 설명하고 이해한다는 것은 보충적이며 상호적인 행위다. 이런 본능적인 열망의 흔적은 일정한 나이에 이르면 한시라도 물어보기를 그치지 않는 세상 모든 아이의 모습에서 찾아볼 수 있다. 단순히 보는 것으로 만족하지 않고 본 것을 이해하고 싶어 한다. 그러한 열망이 최초로 분출된 형태는 자연을 이야기의 일부로 만드는 것이었다. 일상을 닮은 이야기로 말이다. 이야기에 대한 능력과 관심은 우리가 생각하는 것보다 더 일찍 생겨났을 수도 있으며, 인류 역사에서 한순간도 사라진 적이 없다. 무언가를 이해한다는 것은 그것을 이야기의 일부로 만들 수 있다는 것이다. 원시인은 하늘에서 벌어지는 현상들에 규칙이 있다는 것을 깨닫지 못했으므로, 하늘의 빛이 매일 반복적으로 찾아온다고 확신할 수 없었다. 태양이 인간과 마찬가지로 마냥 지속되는 것이 아닐 수 있으므로 종종 피로 범벅이 된 희생 제물을 바쳐서라도 그 불변성을 유지하려 했다. 고대 그리스인들은 은하수의 별들을 보고 여신 유노Juno가 아들에게 젖을 먹이다가 흘린 우유 방울이라고 했다. 아스테카인들에게 금성은 톨라의 왕이었던 케찰코아틀의 화신이었다. 그리스 신화에서 헤라는 칼리스토를 곰으로 만들어 버리고, 곰으로 변한 어머니를 알아보지 못한 아르카스는 그녀를 화살로 쏘아 죽이려 한다. 이를 알게 된 제우스는 재앙을 막기 위해 둘을 하늘에 올려 칼리스토를 큰곰자리로, 아르카스를 작은곰자리로 만든다. 미국 북동부에 살던 이로쿼이족에게도 곰과 곰을 쫓는 사냥꾼들을 큰곰자리로 만들었다는 전설이 있다. 시베리아에 살던 추크치족에게 오리온자리는 순록 카시오페이아를 쫓는 사냥꾼이었다. 시베리아에 살던 핀우그리아 부족들의 이야기에선 쫓는 동물이 큰 사슴이며 큰곰자리 모양을 하고 있었다. 이처럼 해당하는 동물과 별자리는 다를 수 있으나 이야기의 기본 구조는 변하지 않는다. 이 모든 소설 같은 이야기들은 1만 5,000년보다 더 이전에 아프리카와 유럽, 아시아, 아메리카 등지에서 살던 사람들 사이에 '우주 사냥'으로 알려진 신화의 부류에 속한다. '우주 사냥' 이야기의 버전은 다양하지만 핵심은 같다. 사람 또는 동물이 동물 한 마리 또는 여러 마리를 추격하다 죽이는데, 이 피조물들이 별자리로 변한다는 내용이다. 이는 우리를 신비로운 역사의 정글로 이끄는 또 하나의 평행한 창조물이다. 여기서 인간의 뇌가 이야기 구조로 짜여 있다고 보는 현대 심리학자들의 의견을 언급하지 않을 수 없다.

 우스벡의 기억은 장 마르탱 샤르코Jean-Martin Charcot가 관찰한 환자들에 관한 이야기를 상기시킨다. 최면 상태에 빠진 채 방 안에서 우산을 펴라는 다소 황당한 명령에 복종했던 환자들이 최면에서 깨어나자 누가 시키지도 않았는데 그 상황에 대해 해명을 늘어놓았다는 이야기다. 우산살이 제대로 작동하는지 확인하려고 우산을 펴봤다고 말하는 환자도 있었다.

우스벡은 모든 문화에 신화적 설명이 존재한다는 사실을 발견했다. 오래전 사피엔스는 그들을 둘러싼 것들을 설명하기 위해 기이한 이야기를 만들어 냈다. 그들에게는 모든 것이 상징적인 의미를 내포하고 있었다. 인류의 역사는 대부분 이러한 가상의 이야기들을 과학 이론으로 대체해 가는 과정이었다. 신화에서 과학으로, 상상에서 이성으로 옮겨가는 과정은 인간 지능을 길들이는 힘든 여정이었을 것이다. 하지만 그러한 목적을 달성하기 위해 이해하고 설명을 구했던 인류의 열망이야말로 모든 것을 가능케 한 근원적 동력이 아니었겠는가.

우스벡은 다시 빅뱅 영역으로 들어간다. 아직 미지의 세계인 그곳으로.

당신 역시 반으로 나누어진 동전의 주인이다

교회에 들어가는 그 많은 사람은 거기서 대체 뭘 하는 거지? 우스벡은 다른 계보 연구를 시작하면서 자문해 보았다. 인류의 문화를 광범위한 시각으로 보다 보니 각 문화에서 나타나는 큰 차이는 근본적으로 종교적인 문제에서 비롯됐음을 알게 되었다. 유교 문명, 불교 문명, 기독교 문명, 이슬람 문명 등등. 각각의 문명은 사실상 더 오래된 전통을 개괄하고 변형시킨 한 명의 창시자에게 놀라운 신념의 힘을 위임하였다. 종교는 인류의 역사에서 매우 중요한 역할을 한 것으로 보였다. 종교를 가진 사람들은 매우 유사한 행동 양상을 보였다. 눈에 보이지 않아도 자신이 믿는 신을 향해 기도와 찬가를 바치고, 그를 위해 의식을 행하며, 그의 율법을 따르며 그로 인해 위안을 얻고, 그런 행위들로 두려움을 달랬다.

역사의 강을 거슬러 오르다 보니, 우스벡은 인류의 역사가 늘 종교와 함께였다는 놀라운 사실을 발견하게 되었다. 어떤 형태로든 종교를 가지지 않았던 인간 사회를 찾을 수 없었다. 여기서도 평행한 발명이 연속적으로 일어났다. 모든 문화는 그들만의 신, 종교 의식, 신앙, 천상의 제도를 만들어 향유했다. 물론 차이가 있지만, 모든 종교는 두 세계의 분리라는 공통분모를 가지고 있었던 것 같다. 보이는 세계와 보이지 않는 세계의 구분 그리고 보이지 않는 세계가 더 강하다는 믿음. 한 가지가 더 있다. 설령 자신의 간청을 들어주지 않더라도 결코 신에 대한 믿음을 저버리지 않겠다는 매우 특별한 신념.

무엇이 사피엔스에게 동기를 부여했는지 알고자 하는 열망이 다시 한번 꿈틀댔다. 사피엔스는 설명이 필요할 것 같지 않은 무언가를 설명하려고 수많은 이야기를 만들어 낸다는 사실이 확인됐다. 이를테면 자연의 존재 같은 것 말이다. 우스벡은 자문한다. '사피엔스는 대체 어떤 기이한 이유로 그렇게 행동했을까?'

우스벡은 그런 이야기 중에서 몇 개를 골라 필드노트에 적어 놓았다. 워낙 아름다운 이야기들이라 여기에 옮겨 본다. 성경은 너무도 널리 알려진 이야기이므로 제외하기로 한다.

고대 메소포타미아 문명의 기원은 이렇게 설명되어 있다.

위로는 하늘이 아직 그러한 이름으로 불리지 않고,

아래로는 단단한 땅이 아직 이름을 가지지 않았을 때,

오직 원시의 물을 관장하는 신과

그의 선조, 그리고 그들 모두를 낳은 물의 어머니 외에는

아무것도 없었고

물은 하나의 몸에 뒤섞여 있었다.

갈대로 엮은 오두막도 없었고

늪지도 없었다.

어떤 신도 존재를 부여받지 못하고

그리하여 어떠한 이름으로도 불리지 못하였으며

운명이 결정되지 않았을 때,

신들이 그들의 자궁에서 만들어지는 일이 있었다.

– 에누마 엘리시Enûmah Elish, 기원전 2000년 초반에 지어진 서사시

고대 인도인들은《리그베다》에 이렇게 설명했다.

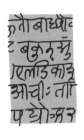

당시에는 아무것도 없었다. 아무도 없었다.

공기도 하늘도 없었다.

무엇이 그것을 가렸을까? 어디에 있었을까?

누가 그것을 보관했을까?

과연 형체가 없는 우주의 물은 있기나 한 걸까?

죽음도, 영생도 없는 시절이었다.

낮에도 밤에도 어둠을 밝히는 불은 없었다.

오직 신만이 존재했고 다른 것은 없었다.

태초에는 어둠에 둘러싸인 어둠만이 있었다.

모든 것이 빛을 잃은 물일 뿐이었다.

고대 이집트인들의 설명은 이렇다.

 만물의 주인은 존재하기 시작하자 이렇게 말했다. "나는 존재하기에 이르게 되어 존재하기 시작하였다. 내가 존재하기 시작하자 다른 존재들이 존재하기 시작했다. 모든 존재가 존재하기 시작했다. 이곳에 흙도, 벌레도, 뱀도 없을 때 하늘이 존재하기 전에, 내 입에서 나온 많은 존재가 존재하기에 이르렀다. 그러나 나는 싫증을 느껴 물의 심연 속에서 그들과 연합했다."

이야기는 끝 간 데 없이 뻗어 나가지만, 그중에서 가장 오래되고 이국적인 폴리네시아와 아프리카 신화 두 편을 마지막으로 소개를 마치고자 한다.

 타아로아Ta'aroa는 세상 모든 신의 조상이었다. 그는 만물을 창조했다. 만물의 기원인 위대한 타아로아가 언제부터 존재했는지 기억할 수조차 없다. 타아로아는 고독 속에서 성장했다. 아버지도 어머니도 없는 그는 스스로 부모였다. 타아로아는 영원한 어둠 속에서 자신의 껍데기 안에 앉아 있었다. 껍데기는 하늘도 없고 땅도 없는, 달도 별도 해도 없는 무한한 공간을 배회하는 알과 같았다. 모든 것이 어둠이었다. 깊고 끝없는 어둠.

 태초에는 깊은 어둠 속에 아무것도 없었디. 오직 물만 있었다. 그리고 붐바^{Bumba}는 혼자였다. 어느 날엔가 붐바는 매우 슬펐다. 구역질이 났다. 괴로워하던 끝에 태양을 향해 토악질했다. 그러자 빛이 사방으로 쏟아졌다. 태양이 뿜어내는 열기로 물이 말라 세상을 뒤덮은 어둠의 경계가 보이기 시작했다.

우스벡은 시간이 지날수록 종교와 종교를 제외한 다른 인간 활동을 구분하기가 어려워졌다. 인간의 모든 활동은 종교적인 의미로 통하는 것 같았다. 모든 일이 상징적인 의미를 내포했다. '상징은, 반으로 나누어 두 사람에게 한 조각씩 나누어 준 뒤 만났을 때 서로를 알아볼 수 있게 해 주는 동전이었다'고 필드노트에 적었다. 일종의 암호처럼. 그는 자꾸 사물을 양분하려는 인간의 고집과 부딪혔다. 사물과 단어, 현실과 표상, 보이는 것과 보이지 않는 것. 인간들이 지능이라고 부르는 것은 아는 것이었다. 그리고 만들어 내는 것이었다. 더 정확하게 말하자면 만들어 낸 것으로 알게 되는 것이었다. 개념, 이론, 수학 공식, 현미경, 망원경, 스캐너, 측량 기구 등등. 우스벡은 이야기, 상징, 발명, 은유법 등이 한데 뒤섞여 있는 숲속에 들어간 느낌이었다. 한마디로 표현하자면, 중재의 숲이었다.

44

두렵다면 디케 여신에게 기도하라.
그는 당신의 위대한 수호자다

우스벡이 마지막 계보 연구를 시작한 장소는 재판소였다. 법전, 다시 말해 법규 시스템에 따라 다른 사람의 행동을 판단하는 사람들을 관찰했다. 우스벡은 진화라는 거대한 흐름이 범죄 감지, 경찰 조치, 법규에 따라 엄격하게 진행되는 변호와 고소 절차 개시와 같은 복잡한 분쟁 해결 시스템 속에서 안정화되었음을 마침내 발견했다.

몇 세기에 걸쳐 구성된 모든 기관에 대해 우스벡은 필드노트에 이렇게 적었다. '기관은 갈등 해결을 위해 만들어진 사회 장치다. 기관이 없으면 문제를 해결할 수 없다. 사피엔스는 물리적 장치, 심리적 장치, 사회적 장치 등 세 종류의 장치를 만들었다.'

계보를 거슬러 오르던 우스벡은 사피엔스의 특징 중 하나를 발견했다. 바로 자신의 행동을 규칙에 적용하는 법을 안다는 것이다. 물론 무리에서 계급을 만들거나 행동 규칙을 정할 줄 아는 다른 집단생활 동물도 있다. 그런 경우는 수십만 년 동안 반복되어 자동으로 일어나는 행동이다. 집단에 강제로 적용되며, 무리를 지배하는 '알파 수컷'이 자기가 정한 법을 강제한다.

 이번에는 우스벡의 기억이 법규와 종교의 관계를 상기시킨다. 우스벡의 기억은 한눈에 분석 또는 종합할 수 있는 네트워크를 활성화한다. 그가 생각하는 속도는 정말 존경스러울 정도다. 내용을 들여다보면, 최초의 법규는 복종을 요구했었다. 법규를 공포한 자가 신이었기 때문이다. 역사에서 가장 오래된 법전은 이렇게 시작한다(기원전 1800년).

- 당시 천상의 신 안An과 대기의 신 엔릴Enlil은 리피트 이쉬타르Lipit-Istar를 국가의 통치자로 지명했다. 국가에 정의를 세우기 위함이었다.
- 신실한 영주이며 신들을 경외하는 나 함무라비는 정의를 이 땅에 세워 악한 자들과 사악한 자들을 없애고 강자가 약자를 억압하지 않도록 하며, 안과 엔릴은 사람들을 잘살게 하기 위해 나의 이름을 불렀다.

우스벡은 마지막 문장에서 이상한 점을 찾아냈다. 자연에서는 강한 자가 약한 자를 억압하기 마련인데, 그래서는 안 된다고 생각하는 사피엔스는 자연의 세계라는 범주를 벗어나기라도 하려는 걸까? 우스벡은 다시 관찰한다. 사피엔스는 다른 방식으로 갈등을 해결하길 원한다. 그래서 아주 오래전부터 모든 문화에서 훌륭한 분쟁 해결책을 지칭하는 표현으로 '정의'라는 단어가 나타났다. 우스벡은 다시 한 번(한 번에 분석 또는 종합할 수 있는) 정의 네트워크를 점검한다. 균형, 평등, 상호성, 질서, 정직함 등과 같은 은유적 체계에 기대어 설명해 보는 건 어떨까. 아프리카의 파푸아족은 정의를 우타우타$^{Uta-uta}$, 즉 균형이라 부른다. 저울은 서양뿐만 아니라 가봉의 유코미스족에게도 정의의 상징으로 사용된다. 라틴어에서 '보상', '배상'이라는 단어는 저울로 무게를 재는 행위에서 파생됐다. 잠비아의 로지족은 정의를 '평등'을 뜻하는 투켈로^{Tukelo}라는 말로 표현한다. 그리스어 디케^{Diké}도 같은 뜻이다. 상호성이란 거의 모든 문화에서 나타나는 일반 규범이다. 또 다른 보편적 은유 체계는 정의를 혼돈에 반대되는 질서와 동일시한다. 끝으로 올곧음이 많이 언급되어 있다. 세네갈의 월로프족은 정직함을 곧고 잘 설계된 길로 표현한다. '규정'과 '규칙'은 곧은 선과 어떤 일을 '정확하게' 하는 것을 나타내는 말이다. 서양에서도 은유법이 사용되었다. 스페인어 Derecho는 형용사로는 '올바른', 명사로는 '법률'을 뜻하고, 이탈리아어 Diritto도 형용사로는 '올바른', 명사로는 '법률'을 뜻한다. 영어 Right는 형용사로 '옳은, 올바른', 명사로 '권리'라는 뜻이며, 독일어 Recht는 명사로 '옳음'과 '법'을 뜻한다.

이쯤에서 우스벡은 사피엔스의 근원적 두려움(혼돈과 무질서, 어둠에 대한 공포)과 의식, 규범, 관습, 신화 등에서 어떤 형태로든 질서를 발견하거나

발명하고자 하는 욕망을 발견한다. 정의의 여신 디케, 그는 위대한 수호
자다.

당신은 동물이다. 영적인 동물

여러 계보를 거슬러 오르다 보니, 우스벡은 불가사의한 영
역에 이르게 되었다. 아마도 사피엔스는 그곳에서 끝없이 이어지던 진
화의 선을 끊어 버리는 듯하다. 단절되는 지점, 우스벡은 그것을 '빅뱅 영
역'이라 부른다.

다른 동물들과 마찬가지로 사피엔스도 자기만의 세계에서 산다. 놀라
운 것은 그 세계가 점점 현실과 분리되어 왔다는 것이다. 사피엔스는 현
실 위에 환상적인 건축물을 지어냈다. 예컨대 성의 생물학적인 현실 위
에 성욕, 에로티즘, 사랑의 감정, 페티시즘, 질투의 세계를 건설했다. 중

49

세시대의 정중한 사랑 역시 성이라는 현실 위에 지어지긴 했지만, 단순한 성 본능과는 거리가 멀다. 그 시대의 사랑은 부분적으로 변형되고 확장되었으며 상상으로 지어진 세계다. 사피엔스는 눈으로 보는 것을 해석할 뿐만 아니라, 해석한 내용으로부터 관계를 찾는다. 어떤 감정을 느끼고, 그 뒤에는 왜 그런 감정을 느끼는지 설명하려 한다. 태양은 천상에서 움직이고, 많은 부족은 그 장대한 움직임을 신의 움직임이라 해석했다. 자신의 행동거지를 왕이라면 마땅히 받아야 할 섬김과 연합시켜야 했다. 왕을 섬기고, 왕에게 순종하는 모습을 보여 주고, 왕에게 제물을 바치는 것. 우스벡은 연합 체계가 인간 지능이 가진 메커니즘의 일부이며 자동으로 작동한다고 생각했다. 그러자 이반 파블로프라는 과학자의 개 이야기가 생각났다. 개에게 먹이를 줄 때마다 종소리를 울리자, 개가 종소리와 먹이를 연합하여 종소리를 들을 때마다 침을 흘리기 시작했다는 이야기다. 우스벡은 연합 체계 관계가 확장된 사례를 떠올렸다. 돌고래 사육사들은 돌고래에게 주는 보상과 휘파람 소리를 연합시켜야 한다는 것을 알고 있다. 이로써 돌고래를 움직이게 만드는 소리는 보상과 같은 역할을 한다. 실제 보상인 물고기는 나중에 받더라도 말이다. 이런 모든 관계가 확장적이며 창조적이고, 인간 종의 생태적 차이를 나타내는 문화를 건설하는 활동의 일부를 형성한다. 우스벡은 사피엔스의 탁월한 본질, 생물학에서의 자리매김, 비현실적이고 이상적이며 상징적인 창조를 향한 도약을 깨닫는다. 그리고 이 특이한 종을 영적 동물이라 정의하기로 한다. 현실 세계와 비현실 세계, 물질세계와 이상 세계를 동시에 살아 낼 수 있는 동물.

    연구의 다음 단계는 그들이 어떻게 나타났는지를 밝혀내는 것이었다.

현재의 계보

모든 존재가 같은 현실을 공유한다 해도
각각의 존재는 자신만의 세계에서 산다.

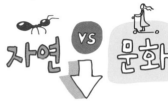

자연 vs 문화

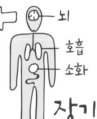

- 뇌
- 호흡
- 소화

장기

인간의 장기에 지능이
자리하는 기관이 있다.
지능은 생각이란 걸 만들어
내는 '마술적' 재산이다.

사피엔스가 사는 세계는
자연이 아니라
문화라고 부르는 곳이다.

경이로운
루프

지능은 문화를
생산하고, **문화**는
지능을 재창조한다.

인간을
이해하려면
인간 지능의 메커니즘을
알아야 한다.

나는 계보학적 방법을
적용하기로 했다.

역
공
학

사물의 근원으로
거슬러 올라가기

사피엔스의 기억을
보관하는 장소:
문자로 남겨진 정보

도서관

그러나 문자는
20만 년 전, 말의 발명에서
비롯됐다.

**빅뱅
영역**

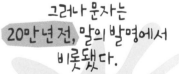

기원전
3200
현대

평행한 발명 ➡

문자는 계산이라는
목적으로 발명되었고,
이후 그 용도가 확대되었다.

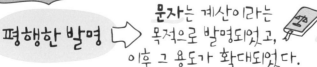

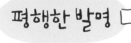

그러나 자연을 거스르며 '정의'를 발명한다.

혼돈에 대항하여 질서에 도달하기 위해

물리적

심리적

사회적

법정

사피엔스의 특성 중 하나는 자신의 행동을 '규범'에 적용할 줄 안다는 것이다.

동물의 왕국에서는 강자가 약자를 억압한다.

교회

종교는 인류의 역사에서 결정적인 역할을 한 것으로 보인다.

인류는 '보이지 않는' 우월적 존재에게 복종한다.

사피엔스는 역사를 거슬러 가면 갈수록 신화와 더 깊은 관계를 맺고 있다.

신화의 기능은 자연의 '존재'를 설명하는 것이다.

천체 관측소

사피엔스는 어린아이들이 그런 것처럼 눈으로 보는 것을 이해하고 싶어 한다.

이야기는 세계를 설명하기 위해 모든 문화에서 창조되었다.

과학은 현실을 알기 위해 창조된 심리적 산물이다.

인류는 환상적 신화를 보편적 법률로 대체하며 진화한다.

예술 작품들을 전시하는 곳이다.

미술관의 유일한 목적은 감정을 이끌어 내는 것이다.

미술관

사피엔스는 3만 년 전부터 마술적인 기능을 하는 그림을 그들의 동굴에 그렸다.

또다시 평행한 발명

빅뱅 영역

왜?

2

영적 동물의 출현

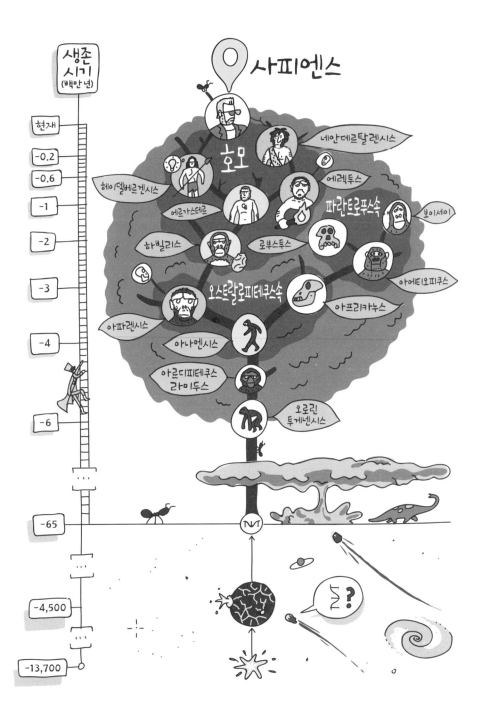

트윗10.

당신이 트윗 하나를 보낼 수 있기까지 300만 년이라는
긴 시간이 걸렸다. 그 노력을 헛되게 하지 말라

　　　　　사피엔스 역사의 시작은 그다지 화려하지 않았다. 약 600만 년 전, 아프리카에서 인간의 뿌리가 되는 영장류의 분파가 나타났다. 표면적으로는 특별할 것 없는 진화 현상이었다. 인간의 모습을 닮은 원숭이 집단은 번식의 관점에서 볼 때 같은 종의 다른 개체들로부터 분리되었다. 이 새로운 집단은 계속해서 진화했으며 또 다른 집단을 양산하며 분화되었다. 이러한 과정은 오스트랄로피테쿠스속에 속하는 발이 두 개인 사람과 동물의 다양한 종들이 출현하는 계기였다. 시간이 흐르자 이들 중 한 종이 많은 변화를 겪게 되고, 더 이상 오스트랄로피테쿠스속에 속하는 하나의 종으로 간주하기 힘든 지경에 이르렀다. 그리하여 다른 속, 즉 현생 인류가 속해 있는 호모속으로 분류되었다. 종과 속은 논리학자들과 생물학자들이 다양한 생물을 분류하기 위해 만들어 낸 개념이다. 이는 하나의 계층 구조 시스템으로, '강綱'이라는 계층에는 수많은 '목目'이 있으며, 각 목에는 수많은 '과科'가 있고, 각 과에는 수많은 '속屬'이 존재하고, 각 속에는 수많은 '종種'이 존재한다고 말할 수 있다. 사피엔스를 언급할 때 우리는 우리 자신을 제일 마지막 계층으로 분류한다.

인류의 출현은 눈부시고 화려한 등장과는 거리가 멀었다. 인류의 출발은 지루했고, 주저했으며, 많은 것이 누적되어 시작됐다. 인간을 이해하기 위해서는 인간이 창조한 환경의 계보만을 연구할 것이 아니라, 인간의 생물학적 세보를 연구해야 한다는 사실을 우스벡은 깨달았다. 그래야 인간의 변화에 개입한 요소들을 확인할 수 있으리라 생각했다. 인간을 동물 조상들과 비교해 보니 몇 가지 흥미로운 점이 확인됐다. 예를 들어 인간은 태어날 때 비교적 머리 크기가 커서 출산하는 여성이 고통을 겪으며, 인간 여성은 가임기가 아니어도 성적 감수성이 예민하고, 진화적으로 인간과 가장 가까운 영장류에 비해 치아와 위는 상대적으로 더 작으며, 결장은 더 짧다는 것 등이다. 이들 요소 중 일부는 서로 연관되어 있다. 뇌가 비대해지면서 두개골의 크기가 커졌을 것이고, 그와 동시에 어머니들의 골반이 커지지는 않았으므로 출산 시 고통을 피할 수 없게 되었다. 뇌는 어마어마한 에너지를 소비한다. 뇌의 크기는 몸 전체의 2% 정도에 불과하지만, 소비하는 에너지는 전체 열량의 20%에 달한다. 나는 우스벡이 옳다는 것을 확인했다. 레슬리 아이엘로Leslie Aiello와 피터 휠러Peter Wheeler에 따르면, 뇌의 영양학적 요구량을 충족하려면 신체의 다른 부분으로 가는 영양이 줄어야 하며, 이를 방지하기 위해서는 안정적인 기초 대사율을 엄격하게 유지해야 한다. 그리고 이 모든 현상은 바로 소화 기관에서 일어나야 한다.

 뇌의 크기가 커질수록 소화 기관은 더 작아져야 한다. 유일한 해결책은 음식의 품질을 향상하는 것이다[레슬리 아이엘로(L. Aiello), 피터 휠러(P. Wheeler), 『비싼 조직 가설』, 최신 인류학(Current Anthropology), 36, 1995, pp. 199-221].

인간 아기는 오랜 기간 보살펴야 한다. 이런 특징이 사피엔스 특유의 행동을 유발했다. 아기에게 음식을 먹이는 사람이 반드시 엄마일 필요는 없다. 예를 들면 할머니나 할아버지도 가능하다. 그런데 바로 이 때문에 인간 여성이 다른 영장류와 달리 갱년기를 겪는 것이라는 견해를 피력한 학자들이 있다.

 아이를 돌보는 역할을 공유하면서, 우리 선조들은 공동체라는 그룹을 형성하기에 이르렀다. 큰아이들도 동생을 돌보는 일에 손을 보탰을 것이다[아구스틴 푸엔테스Agustín Fuentes, 『창조적 기지(La chispa creativa)』, 아리엘, 바르셀로나, 2018, p.126].

역사를 거스르다 보니 우스벡은 사피엔스의 진화에 관한 몇 가지 가설을 세우게 되었다. 약 250만 년 전, 한 사람과 동물이 돌을 두들겨서 날카롭게 만드는 법을 배웠다. 에티오피아의 고나 강에서 발견된 돌연장들이 이를 증명한다. 약 140만 년 전에는 불을 다스리는 법을 배웠다. 이것이 그들의 삶에 얼마나 큰 변화를 가져왔을까? 어둠을 두려워하는 특징은 여전히 우리 유전자에 남아 있다. 불은

빛과 열기를 제공하고, 위험으로부터 인간을 보호한다. 불은 거의 모든 고대 문화에서 숭상의 대상이었으며, 힌두교도들은 지금까지도 불의 신 아그니^Agni를 숭배한다. 가톨릭의 부활 의식에서도 불은 숭배의 대상이다. 불의 사용법은 매우 오래되었다. 과거에는 코끼리를 늪으로 몰아 거기서 죽이는 데 사용했다는 증거가 남아 있다. 불은 요리에도 사용되었다. 특히 중요한 점은, 불이 아니면 다른 방식으로는 소화할 수 없는 음식을 먹을 수 있게 해 주었다는 점이다. 도구를 사용해 자르고 불로 요리하는 행위는 인간의 게놈을 바꾸어 놓았다. 이는 문화적 요소가 생물학적 계보를 변화시킨 분명한 예라 할 수 있다.

그리스 신화에서 신들에게서 불을 훔친 프로메테우스로부터 문화의 기원을 찾는 관점은 하나도 이상할 것이 없다. 동인도의 한 섬에서 고립되어 살았던 안다만 부족에게도 유사한 이야기가 있다. "비둘기 인간은 신이 잠든 사이에 Kuro-t'on-mika에서 불씨를 훔쳤다. 훔친 불씨를 오래전부터 존재한 Lech에게 주었고, Lech는 Karat-tatak-emi에서 불을 피웠다."(현재는 사멸한, 인도의 안다만 제도에서 사용되던 안다만 제어로 표기되어 있어 원어를 그대로 살렸다 - 역주) 신화는 선조들의 기억을 유지하려는 후대의 노력일지도 모른다. 뉴질랜드부터 그리스까지 자신의 기원을 말하는 신화에는 하늘과 땅의 분리와 함께 불의 출현을 묘사하는 신화들이 많이 있다. 약 7만 년 전 수마트라의 토바 화산이 폭발해 지구의 상당 부분이 어둠에 묻혔다는 사실을 밝힌 지질학 연구 자료들도 있다.

새로운 기술은 빠르게 확산됐을 것이다. 사람의 특징 중 하나가 바로 모방하는 능력이기 때문이다. 모방하고 연합하는 것은 기본적이지만 매우 강력한 메커니즘이다. 연합하는 능력은 다른 동물에게도 보이지만, 모방하는 능력은 인간만이 가지고 있는 특질이다. 침팬지는 몸짓을 따라 하지만 의미까지는 파악하지 못한다. 사람이 설거지하는 몸짓은 따라 할 수 있을지 몰라도, 그것이 더러운 그릇을 깨끗하게 씻기 위해 하는 행동이라는 목적은 이해하지 못한다는 말이다.

당신은 표상의 주인공이다

　　사피엔스는 상징적 사고를 할 줄 안다는 점에서 자신을 다른 동물들과 다르다고 생각한다는 것을 우스벡은 알게 되었다. 상징적 사고란 일어나지 않은 일을 상상하고 계획하거나, 소통하거나, 논리적으로 생각하는 능력이다. 돌을 조각하고, 불씨를 유지하고, 불을 켜는 일 따위는 예측하고 계획하는 능력을 요하는 작업이다. 돌을 연마하기 전에 돌에 대해서 생각하고 그 돌을 어떻게 활용할 수 있을지 생각한다. 우리 조상들이 원시 형태의 도끼에 손잡이를 달아 실용성을 더한 사건은 분명 자랑할 만한 일이었다. 그런 건 행동하기에 앞서 생각이 필요한 일이기 때문이다. 사피엔스는 큰 돌덩이를 내려치기 전에 내려친 이후에 돌덩이에 일어날 변화, 그 형태에 대한 표상을 머릿속으로 먼저 생각한다. 그리고 조

64

각난 돌을 무언가를 자르는 데 쓰는 도구로 활용할 수 있겠다는 가능성을 돌덩이에서 발견하게 된다. 그런 생각을 한 뒤에야 비로소 행동한다.

우스벡은 필드노트의 한 페이지를 **가능성**이라는 단어로 채우며 매우 뿌듯해했다. 사피엔스의 지능이 놀라운 이유는 사물을 눈으로 보는 것에 그치지 않고 그 안에서 가능성을 발견하기 때문이다. 돌덩이를 보면서 무언가를 자르고 조각내는 데 쓸 수 있겠다는 가능성을 발견하다니! 나중에는 조각에 쓸 형상을 찾고, 지어 낼 건축물을 찾고, 숭배할 신을 찾고, 쏘아 올릴 발사체를 찾기에 이른다. 바다는 그곳을 여행할 수 있다는 가능성으로 바뀌기 전까지 하나의 경계일 뿐이다. 돌은 자체의 무게 때문에 땅으로 떨어지지만, 그런 성질 덕분에 아치가 지지되기도 한다. 법률도 그렇다. 법률은 의무를 지우지만 또 우리를 보호함으로써 자유를 제공한다. 우스벡은 이제 사방 천지에서 사물과 그것으로부터 얻어지는 표상을 교묘하게 다루어 얻어 낸 의미, 발명품, 효용성을 발견한다. 우스벡은 인간의 뇌가 불꽃놀이와 비슷하다고 생각한다. 불을 붙이면, 특별할 것 없던 탄약통이 불빛을 쏟아내는 야자나무가 되고 그 야자나무는 어둠 속에서 환히 빛나는 또 다른 야자나무의 불씨가 된다. 사피엔스의 지능은 탄약통보다 더 별 볼 일 없는 사물에서도 가능성이라는 불꽃을 만들어 낼 수 있다. 탁월한 재능을 지닌 불꽃 제조자인 셈이다. 짐작하건대 우스벡은 이 시점에서 매우 인간적인 감정, 창조성이 빚어내는 행복감에 도취해 있을 것이다. 그것이 한낱 가능성일 뿐일지라도.

 물질적인 현실에서 사피엔스는 무겁기만 한 규칙에 얽매이지만, 자신의 지능으로 만들어 낸 표상에서는 현실을 즐기는 존재가 된다.

우스벡은 혼동을 피하려는 듯 자기 생각을 명확히 하려고 서두르는 모습이다. 대체 '표상'이란 게 뭔가? 감각이 인지한 바를 지능이 포착, 저장, 실현하는 방법을 말하는 건가? 정보는 우스벡의 뇌에 '신경 신호(미세한 전류)'로 입력되며, 우리가 알지 못하는 물리화학 절차에 따라 저장된다. 이처럼 사피엔스의 정신세계에서 '표상'이란, 하나의 이미지(탁자를 보면 그 이미지를 기억 속에 저장할 수 있다), 하나의 아이디어('탁자'라는 개념이 있으며 그것을 이용할 수 있다), 또는 이미지나 개념을 떠올리게 하는 하나의 단어처럼 생각될 수 있다. 탁자라는 실물은 외부에 있지만, 탁자에 대한 표상은 뇌 속에 있다. 탁자를 다른 각도에서 보면 어떻게 보일지 상상할 때(최소한 네다섯 살은 되어야 가능하다), 움직이는 것은 탁자 실물이 아니라 내 기억 속에 있는 탁자의 이미지다.

 우스벡의 기억은 시에서 찾은 힌트를 떠올린다.

알고 있다.
내 마음에 붙박인 채 움직이지 않는 이 이미지는
네가 아니라
내 안에 살아 있는
사랑의 그림자라는 걸
– 루이스 세르누다Luis Cernuda

위대한 체스 선수라면 대국을 준비하면서 상대방이 무슨 수를 둘지, 자신은 어

66

떻게 대응할지 예측할 수 있어야 한다. 얼마나 더 많은 경우의 수를 준비하느냐가 선수의 수준을 결정한다. 사피엔스는 머릿속에서 표상을 떠올리기만 하는 게 아니라 바로 그 표상에 대해 생각할 수 있다. 우리는 그런 행위를 '숙고'라 부른다.

　이상하게 들릴지 몰라도, 사실 우리 주변에는 표상이 될 만한 사물이 많이 있다. 예를 들면, 누구나 머릿속에 저장해 두는 동네의 지리 같은 것이다. 그래서 다른 곳으로 이동할 때 머릿속에 저장된 동네 지리가 지도 역할을 한다. GPS에 저장된 지도처럼 말이다. 우스벡은 자신의 기억도 그와 같은 지도, 데이터 및 지식 네트워크와 자신이 큰 관심을 느끼는 시적, 은유적, 확장적 네트워크로 구성되어 있다는 사실을 알고 있다.

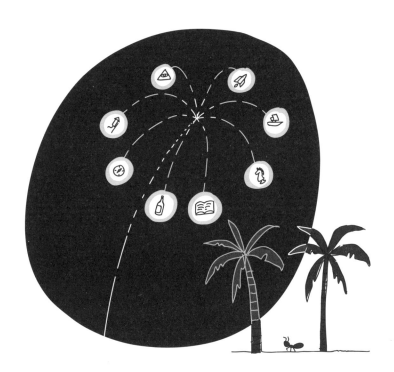

사피엔스는 거리두기를 좋아하는 동물이다

　　우스벡은 이제 심리적인 표상(이미지, 개념, 아이디어)에 이어지는 두 번째 단계가 얼마나 중요한지 알고 있다. 사피엔스가 표상을 단어와 결합할 줄 안다는 것도 알고 있다. 예컨대, 한 사피엔스가 다른 사피엔스와 정원을 산책하다가 정원에 피어 있는 꽃잎의 매우 생생한 색감을 보면서 질문한다. "이게 무슨 꽃이지?" "버베나란 꽃이야." 질문을 받은 사피엔스가 대답한다. 이때부터 단어는 이미지와 결합하여 질문을 던진 사피엔스가 꽃의 이름을 기억하거나, 그 꽃을 생각하거나, 다른 사피엔스와 꽃을 소재로 이야기를 나누는 데 사용될 수 있다. 또는 사피엔스가 버베나 종자를 사거나, 어떻게 자라는지 정보를 읽는 데 사용할 수도 있다. 어디 그뿐인가. 자기가 본 버베나가 '버베나×하이브리드' 속에 속하며, '마편초' 종의 한 자락이라는 것 그리고 '마편초' 과에 포함된다는 것도 알아낼 수 있다. 정원에 피어 있는 한 송이 꽃을 보았을 뿐인데, 그 꽃의 식물학적 분류까지 파악해 낼 수 있다. 꽃의 이름을 백과사전에서 찾아보거나 인터넷에서 검색할 수도 있다.

사피엔스의 뇌가 이처럼 복잡한 작업을 거의 자동으로 처리해 낸다는 건 정말 놀라운 일이다. 사피엔스는 현실과 정신세계의 표상, 그리고 단어로 이루어진 삼중 세계에서 살고 있다 해도 과언이 아니다. 그러니 다른 사피엔스보다 조금 더 숙고하는 사피엔스, 즉 철학자들이 간혹 이러한 다중 세계를 혼란스러워하며 한 세계와 다른 두 세계를 구분하기 어려워한다는 것은 놀랄 일이 아니다. 그리스도교 신학자들은 천사들도 9개 품계, 즉 사랍(세라핌), 커룹(케루빔), 좌품(솔로네), 주품(도미니온), 역품(버쳐), 능품(파워), 권품(프린시파리티), 대천사(아크엔젤), 천사(엔젤)로 구분된다고 주장하면서 믿음의 이유를 설명했다. 이것은 단순히 단어에 불과한 것이었을까, 아니면 상상이 빚어낸 표상이었을까, 그것도 아니면 실제 존재하는 무언가의 표상이었을까? 확실한 것은, 어떤 단어가 만들어지면 인간의 지능은 비현실적인 무언가를 생각할 가능성을 띠게 된다는 것이다. 그것이 수학에 관한 것이든 천사에 관한 것이든.

우스벡은 질문지에 이렇게 쓴다. "왜 인간은 천사가 존재하지 않는다는 사실을 알면서도 그토록 천사에 관심이 많을까?"

언어란 이토록 복잡한 문제다. 그러니 호모속이 언어를 발명하는 데 200만 년이라는 시간이 걸린 게 아닐까. 언어의 기원은 20만 년 전으로 거슬러 올라가며, 그 뒤로 매우 천천히 완성되어 갔다. 언어는 사피엔스와 현실 간의 거리를 이용하여 완성되었다. 우스벡이 호기심을 느끼는 부분이다. 나는 소설을 읽을 때, 오직 단어들로 유지되는 비현실적인 세상에서 살게 된다. 우스벡은 인간이 허구 속에서 살고 싶어 한다고 생각할 것이다. 항상 깨어 있는 그의 기억이 새로운 시 한 편을 힌트로 선사한다.

새는 재빨리 말했다[…]

가세요, 가세요, 새는 말했다.

인간의 가슴은

너무 많은 실재를 감당할 수 없다고.

— T.S.엘리엇 T.S. Eliot

사피엔스와 현실의 관계가 조금씩 느슨해졌다는 것은 사실이다. 동물은 자극에 반응한다. 자극에 맞닿아 있다. 그렇지만 인간은 자극과 거리를 둔다. 우스벡의 지치지 않는 기억이 그에게 속삭인다. "인간은 거리를 두려는 열망을 가진 동물이다(프리드리히 니체)."

우스벡은 인류 진화의 축소판을 경험하고 있는 셈이다. 인간이 동물성으로부터 분리되는 현장부터 시라는 변형된 세계까지 경험했다. 그는 과거에 했던 질문을 되뇌인다. "대체 뭐가 맞는 거지? 사피엔스가 시를 발명한 것인가, 아니면 시가 사피엔스를 키운 것인가?" 인간은 자극에 반응한다. 그와 마찬가지로 상상한 것, 단어로 인해 떠오른 생각에도 반응한다. 우스벡은 필드노트에 이렇게 적었다.

상징적인 사고에 의해 기호 위에 새로운 기호를 발명하는 것이 가능해져, 현실 위에 건설한 세계가 무한대로 확장된다. 그로 인해 사피엔스는 표상이 영구히 과잉 팽창하는 현실을 경험하게 된다.

사피엔스는 하나의 현실 위에
무한한 가능성의 세계를 창조한다

　　　　실재 숲과 상징적인 숲이 있다. 우리는 수많은 나무와 단어 사이에서 길을 잃을 수도 있다. 그중 하나는 '심리적인 표상'의 '언어적인 표상'이란 단어로, 2차 기호, 사전 표상 기호라 할 수 있다. 그 세계는 현실을 두 배, 또는 세 배로 확장한다. 나는 현실을 인식할 수 있을 뿐만 아니라 상상하고, 이야기할 수도 있다. 개들이 먹이와 종소리를 관련시킬 수 있어 종소리가 들리면 침을 흘리기 시작한다는 사실을 발견한 신경학자 파블로프는 이런 사실과 유사한 현상이 단어들에서도 일어나고 있음을 알게 되었다. 즉, 단어도 이미지와 같은 반응을 일으킬 수 있다는 것이다. 파블로프는 이를 '2차 신호 체계'라 명명했다. 사피엔스의 마음이 언어에 반응을 일으킨다는 것이다. 무서운 이야기나 사랑 이야기, 잔인한 복수 이야기 등은 일종의 단어들의 나열일 뿐이지만, 뇌는 그 이야기를 듣고 하나의 장면을 그리거나 두려움과 사랑, 복수심을 느끼게 된다. 위협에 겁을 먹고, 칭찬에 기뻐하고 모욕에 화를 내는 것이다. 인간 세계는 언어로 무한히 확장된다. 오래전 사피엔스는 단어에 마술적인 힘이 있다고 믿었으리라고 우스벡은 생각한다. 그의 기억이 그런 생각에 힘을 보탠다.

 많은 부족은 단어를 사물의 일부로 생각했다.
에스키모인들은 나이가 들면 새로운 이름을 가졌다.
셀타족은 이름을 사람의 영혼을 일컫는 단어라고 생각했다.
뉴사우스웨일즈 유인족의 아버지들은 아들이 태어나는 순간에 자신의 이름을 공개했다. 그전까지는 매우 소수의 사람만 그의 이름을 알고 있었다.
창세기에서 아담은 자신의 지배를 나타내는 표시로 모든 사물에 이름을 부여했다.
묵시록에서 하느님은 의인들에게 진짜 이름이 적힌 흰 돌을 주었다.
말리의 도곤족은 단어를 신성의 씨앗으로 여긴다.

우리는 거의 매 순간 단어를 바탕으로 생각한다. 그런데 하나의 단어가 여러 가지 뜻을 가지기도 한다. '버베나'는 꽃 이름이지만, 유명한 축제 이름이기도 하다. 우스벡의 기억은 가르시아 로르카^{García Lorca}의 시를 찾아낸다.

버베나 꽃잎 아래에

내 나쁜 연인이 있네,

신이시여, 어찌 하오리까!

– 가르시아 로르카

이와 같은 단어의 유연성은 오해를 불러일으키기도 하고 유머나 게임의 소재가 되기도 한다. 그뿐인가. 관계 맺을 가능성의 확장, 생각이나 이미지를 연합할 가능성의 확장, '둥근 사각형'이나 '나무 철'과 같은 모순되는 표현의 기원이기도 하다. 생성 기계 장치에 확장할 도구가 점점 더 많아졌다. 레퍼토리는 수학, 음악, 디지털 등 다른 언어로 확장되었다. 그러자 신기한 현상이 나타났다. 날아가는 비행기를 보면서, 비행기

를 날게 하는 건 엔진이라고 말할 수 있지만, 비행기 날개 위쪽의 공기가 아래쪽보다 더 빠르게 흘러 비행기 날개가 위로 들리기 때문이라고 주장하는 베르누이 방정식으로 설명할 수도 있게 된 것이다. 베르누이 방정식이 없었다면 비행선이란 물체도 만들어지지 않았을 것이다. 이 또한 놀라운 일 아닌가. 자연 언어에서 무한이란 한계가 없는 무언가, 모든 것을 포괄하는 무언가를 뜻한다. 한계란 유일하다. 그러나 수학에서는 그렇지 않다. 게오르크 칸토어Georg Cantor라는 수학자는 무한에도 다양한 형태가 있으며 어떤 무한대는 다른 무한대보다 더 클 수 있다고 주장했다. 예컨대, 일련의 홀수는 무한하다. 일련의 짝수 또한 그렇다. 그러니 일련의 자연수(짝수와 홀수)는 더 커야 한다는 것이다. 인간 세계는 실용적인 구조가 겹겹의 망토에 덮인 채 과도한 장신구와 장식으로 채워진 바로크 양식의 건축물들과 비슷하다.

어떤 언어든 들은 말을 이해하려면 청자는 왔던 길을 되짚어 돌아가야 한다. 어떤 단어를 들었을 때 자신의 기억에서 단어에 해당하는 표상을 찾아야 단어가 의미하는 현실에 도달할 수 있는 것이다. 예를 들면, 어떤 사람이 가구 가게에서 자기가 좋아하는 색깔의 탁자를 발견하여 "오렌지색 탁자를 사고 싶습니다"라고 판매상에게 말한다. 판매상은 머릿속에 '오렌지색 탁자'라는 표상을 떠올리며 자기가 들은 말을 이해한다. 그

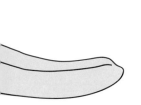

리고 그 탁자를 찾으러 창고로 갈 것이다.

우스벡은 매우 뛰어난 정보기술력을 가진 문명에서 왔고 인간의 뇌에서 무슨 일이 벌어지고 있는지 매우 잘 이해하고 있다. 탁자라는 '표상'은 망막에서 후두엽까지 이어지는 하나의 신경 모형이다. 어떤 사물의 표상을 우리는 '신호' 또는 '상징'이라 부를 수 있을 것이다. 컴퓨터는 이 신호를 매우 효율적으로 운용한다. 이를 '정보 처리'라 한다. 컴퓨터가 지도상의 어떤 장소를 찾는 것을 두고 전자 신호 정보를 처리한다고 말한다. 자기가 하는 일이 무슨 일인지 알지 못해도, 일단 한다. 우스벡이 생각하기에 사피엔스의 뇌도 그와 비슷하게 작동한다. 다른 점이 있다면 컴퓨터보다 조금 더 복잡하다는 것이다.

생각하는 인간과 생각하는 동물은 다르다

과연 인간 학자들이 말하듯 표상을 조정할 줄 아는 능력, 생각하는 능력이 사피엔스를 다른 동물들과 구별짓는 특징일까? 우스벡은 드디어 인간 종의 빅뱅 영역을 발견할 수 있는 걸까? 분명히 하기 위해서, 우스벡은 한 가지를 증명하고자 한다. 만약 생각하는 능력이 인간만의 전유물이라고 가정한다면, 동물들은 생각할 수 없어야 한다. 그런데 우스벡은, 워낙 비판적인 사색가이기도 하지만 사피엔스의 허영심을 잘 알고 있기에 새로운 질문을 던져 본다. "생각하는 능력이 인간의 전유물이라는 가정이 사실인지, 그렇지 않고 인간에게 가득 찬 자만심의 발로일 뿐인지 어떻게 알 수 있지?"

질문에 대한 답을 찾기 위해 우스벡은 다시 관찰자의 입장으로 돌아갔다. 동물은 뇌가 있어서 매우 복잡한 행동을 할 수 있다. 벌은 기하학적으로 완벽한 벌집을 짓고, 탐험하며, 서로 소통한다. 철새들은 수천 킬로미터를 이동하지만 길을 잃는 법이 없다. 지난 계절에 버리고 간 둥지를 찾을 때는 GPS보다 더 정확하게 움직인다. 침팬지는 나뭇가지를 이용해 개미를 잡고, 돌멩이를 내리쳐 호두를 깨 먹는다. 버빗원숭이는 위협의 종류에 따라 다른 세 가지 소리(단어?)를 이용해 집단에 위협을 알린다. 헝가리 외트뵈시 로란드 대학교의 아틸라 안딕스Attila Andics 박사는 개들이 거의 천 개에 달하는 단어를 이해할 수 있다는 연구 결과를 밝힌 바 있다. 우스벡은 볼프강 쾰러라는 독일 학자가 카나리아 제도에서 실시한 원숭이 지능 실험을 떠올렸다. 쾰러는 원숭이들의 손이 닿지 않는 높이에 먹이를 걸어 두는 대신 손이 닿는 거리에 놓인 몇 가지 도구, 상자와 막대기 등을 먹이를 획득하는 데 이용하도록 설정했다. 관찰을 시작하고 어느 정도 시간이 지나자 원숭이들은 '깨달음'을 얻은 듯 문제를 해결했다. 상자를 쌓아 올리고 막대기를 연결하여 먹이가 걸려 있는 높은 곳에 닿은 것이다. 원숭이들의 뇌가 먹이와 도구들의 관계를 이해한 결과였다.

우스벡은 혼잣말을 했다. "동물들도 생각 비슷한 것을 하는 것 같은데…" 우스벡은 사냥 중인 독수리 한 마리를 관찰했다. 큰 바위에 앉아 멀리 있는 토끼를 발견한 순간, 토끼를 쫓아 비행을 시작하더니 적절한 시점에 적당한 속도로 토끼의 머리 위로 날아가 한순간에 낚아챘다. '그것은 본능적인 행동이다.' 인간들은 이렇게 말하고, 흡족해한다. 우스벡의 생각은 조금 더 먼 곳까지 날아간다. '하늘을 나는 로봇을 독수리처럼 만들려면 어떤 프로그램을 설치해야 할까?' 우스벡은 자세한 설명이 담긴 그림을 그린다.

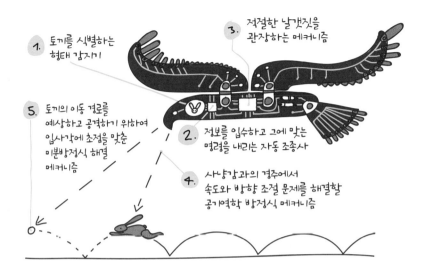

1. 토끼를 식별하는 형태 감지기

3. 적절한 날갯짓을 관장하는 메커니즘

5. 토끼의 이동 경로를 예상하고 공격하기 위하여 입사각에 초점을 맞춘 미분방정식 해결 메커니즘

2. 정보를 입수하고 그에 맞는 명령을 내리는 자동 조종사

4. 사냥감과의 경주에서 속도와 방향 조절 문제를 해결할 공기역학 방정식 메커니즘

우즈벡은 필드노트에 이렇게 기록했다. '생각하는 행위가 목적을 달성하기 위해 일련의 정보를 생산하는 일이라고 한다면, 독수리의 뇌도 생각이란 걸 한다.'

그렇다. 독수리도 자기만의 방식으로 상징적인 사고를 한다. 우스벡은 여전히 빅뱅 영역을 발견하지 못했다고 결론짓는다. 인간의 지능과 동물의 지능을 구분하는 더 심오한 차이가 있을 것이다. 그 차이를 찾아내기 위한 우스벡의 노력은 계속되어야 했다. 나일강의 수원을 찾고자 했던 탐험가들이 그랬던 것처럼. 탐험가들은 거대한 나일강의 수원을 마침내 찾아냈다고 생각했을 때조차도 상류를 향한 걸음을 멈추지 않았다. 그때 불현듯 우스벡의 머릿속에 잠정적이나마 정의라 할 수 있는 개념이 떠올랐다.

영적인 동물인 사피엔스는 말하는 동물이다. 사피엔스는 말함으로써 현 상황과 이미지들로부터 자유로워지고, 매우 추상적인 생각들을 조종할 수 있고, 지식을 전달하고, 다른 세계를 만들어 내고, 거짓말하고, 명령하고, 유혹하고, 열정을 발휘한다. 그렇게 그들은 자극의 폭정으로부터 자신을 분리한다.

하지만 우스벡은 자신이 복잡한 미로에 발을 들였다는 사실을 전혀 깨닫지 못했다. 그곳에서 탈출하려면 무진 애를 써야 할 터였다. 탐험의 여정은 이제 겨우 시작일 뿐이었다.

나는, 우스벡이 놀라움을 금치 못한 현상을 매우 잘 표현한 프란시스코 움브랄Francisco Umbral의 글을 여기에 옮긴다. 우리 사피엔스가 현실과의 사이에서 너무나 많은 중재자를 개입시켰다는 지적이다.

해 질 무렵에 바닷가를 거닐며 저무는 해를 바라보다가, 문학과 예술이 다 망쳐 놓았다고 생각했다. 사람들은 이토록 찬란한 자연 경관을 자연 속에서 경험하기보다 그림이나 시를 통해 경험했기 때문이다. 그리하여 우리는 석양을 보면 문학 작품에서 경험한 석양을 떠올리게 된다. 바다와 해거름은 이제 책에서 얻은 경험이 되었으며, 그것들을 사랑하는 마음은 일종의 내적 수치를 느끼게 한다. 두 번째 자연이어야 할 문화는 그렇게 첫 번째 자리를 차지하게 된다. 우리가 바다를 떠올리게 하는 글과 시를 만들었지만 그런 우리는 이제 바다를 바라보며 글을 떠올리고 있다.

우리는 만족을 모르고 욕망하는 기계다

우스벡의 기억은 이상한 사실 한 가지를 발견했다. 지난 몇 세기 동안 사피엔스는 지성의 가장 주요한 기능으로 '아는 것'을 꼽았고, 지성의 정점은 이성이며 지성의 최대 창조물은 과학이라 생각했다. 감정, 욕망, 정서, 열정 등은 지성과 다른 세계에서 유지되었다. 그리스어에서 정서적인 경험을 뜻하는 파토스Pathos는 스페인어에서 어원적으로 '정서의 과학'을 뜻하지만, 현실에서는 '질병의 과학'이라는 뜻을 가진 병리학Patologia의 어원이 된다. 열정의 세계는 그렇게 간주되었다. 그런데

지난번 방문에서 실시한 감정에 대한 연구에서 우스벡은 사피엔스가 틀렸다는 걸 알 수 있었다. 지성의 기능은 행동의 방향을 정하는 것인데, 이는 욕망과 감정을 최우선으로 고려하지 않고서는 이루어질 수 없는 일이다. 욕망과 감정은 행동의 동력원이기 때문이다. 우스벡은 인류 문명이 바로 이 점을 이해하지 못하여, 인식이 지능의 주요 기능이라고 반복해서 주장해 온 것이라고 생각했다.

인간에 관해 연구하면서 우스벡은 매우 멋지고도 우려되는 면을 발견하게 되었다. 이성은 필요와 욕망에 좌우되는 동시에 그 둘을 폭발시킨다. 이는 사피엔스를 탐욕스럽게 만드는 무거운 짐이 된다. 문화는 확산하는 인간의 기대를 충족시키는 동시에 악화시키기도 한다. 욕망의 상징

적인 폭발을 거론하지 않고서는 문화의 복잡한 진화, 창조물의 어마어마한 생산 과잉 현상을 설명할 길이 없을 것이다. 전 세계에 7,000개의 언어와 1만 2,000개의 사법 체계가 존재한다. 지금 시대보다 2,000년 전, 바빌론의 학자들은 신들의 목록을 만들었다. 총 2,000명이었다. 일본의 토착 신앙인 신도神道는 80만의 신적 존재를 인정하며, 힌두 문화는 3억 3,000만의 신을 숭배한다. 핵 무기고에는 1만 7,000개의 원자폭탄이 저장되어 있다. 지구의 생명을 열 번도 더 파괴하고도 남는 양이다. 최초의 사피엔스는 하루에 약 3,000 칼로리의 에너지를 소비하는 데 비해 현대 미국인들은 30만 칼로리를 소비한다(물론 식품뿐만 아니라 모든 측면에서).

지능의 역사는 행복을 찾아 떠난 여정의 역사다

우스벡이 이상하다고 생각하는 것은 사피엔스 심리학자들이 생각의 진화만큼 정서적인 경험의 진화에 주의를 기울이지 않았다는 점이다. 정서적인 경험은 인간 행동의 동력원이자 방향 지시등 같은 것이기 때문이다. 인간이 의도를 가지고 하는 모든 행동은 필요를 충족하기 위함이거나 어떤 포상을 바라기 때문이다. 이 두 가지 목적은 욕망이라는 하나의 경험으로 통합된다. 배가 고프니까(필요) 먹고 싶고, 즐기고 싶으니까(포상 예약) 콘서트에 가고 싶고, 갈증이 나고(필요) 좋아하는 브랜드 제품이니까(포상) 맥주를 사는 것이다. 습관도 결국 욕망의 문제다. 예컨대 담배를 피우고 싶은 이유는 담배를 피우는 습관이 있기 때문이다. 그런데 사피엔스의 욕망을 이해하기 어려울 때가 종종 있다. 특히 필요하지도 않은 것을 포상으로 여기는 경우가 그렇다. 4만 년 전, 사피엔스는 피리를 만들었다. 그 말은, 음악 감상을 하나의 포상으로 여기기 시작했다는 뜻이다. 그러나 왜 그렇게 생각하게 되었는지 그 이유는 알 수 없다. 우스벡은 사피엔스가 무언가에 가치를 부여하고 그것을 욕망하는 이유를 알아내는 것이 그들을 이해하는 마지막 열쇠일 거라고 생각했다.

우스벡은 필드노트에 이렇게 썼다. '인간의 본질은 욕망이다. 그들의 욕망을 이해한다면 그들의 본질 또한 이해하게 될 것이다.'

왜 즐거움을 좋아하느냐고 묻는다면 그 대답은 끝없이 이어진다. 우스벡의 기억에 따르면, 중세 신학자들은 자연적인 욕망이 신에 의해 주입되었기 때문에 만족하지 않고서는 머무를 수 없다고 생각했다. 신학자들은 인간의 마음속에 신을 알고자 하는 자연적인 욕망이 있으며, 신 또한 인간의 기대를 저버릴 수 없었다고 생각했다. 철학자 칸트는 행복에 대해서 같은 말을 했다. 행복은 저버릴 수 없는 기대이며, 인간이 이 세상에서는 행복할 수 없으므로 내세가 있어야 한다고 생각하는 믿음을 확립시켰다는 것이다.

욕망, 감정, 정서, 열정은 행동을 유발한다. 그리고 이것들로 인간이 처한 상황과 인간이 주변 환경과 맺은 관계를 알 수 있다. 욕망, 관심, 사랑, 두려움, 증오, 분노, 복수, 의무감 등 정서적인 현상과 어떤 식으로든 직접적으로 관련하지 않고서는 어떤 행동도 일어나지 않는다. 인간 행동의 원인은 매우 다양할 수 있다는 사실을 우스벡은 발견했다. 그러나 이러한 정서적인 동기에 대한 질문이 계속 반복된다면, 늘 같은 결론에 도달하게 될 것이다. 우스벡은 결론을 내리기 전에 한 번 더 증명을 시도한다. 왜 그렇게 일찍 일어나는가? – 직장에 가려고. 왜 직장에 가는가? – 돈을 벌려고. 왜 돈을 버는가? – 살기 위해서. 왜 살고 싶은가? – 자식들이 커가는 모습을 보고 싶어서. 왜 자식들이 커가는 모습을 보기 원하나? 이제 이렇게 대답할 것이다. 행복해지려고. '행복'이란 개념은 구체적인 뜻이 없고, 우리의 행동을 설명하는 마지막 이유를 의미하지도 않는다. 언젠가는 더 먼 곳까지 갈 필요가 없다는 암묵적 믿음. 행복은 의미를 찾기 위한 단어다. 다른 목적을 가지고서는 이룰 수 없는, 오직 그 자체만으로 이룰 수 있는 무언가를 말한다. 마치 선박이 도착하는 항구라 할 수 있다. 즐거움도 마찬가지다. 그래서 많은 사람이 그 둘을 동일시했으며, 그 둘을 구분하려고 어마어마한 지적 노력을 기울인 것이다. 결론적으로 말하자면 우스벡이 분석한 인간이라는 지적 동물의 행동은, 그것이 무엇이든 간에 모호하지만 강력한 하나의 이유, 행복해지기 위해서라는 이유로 나타난다. 행복은 사피엔스의 욕망 하나하나에 잠정적으로 구현되어 있으며, 불교에서 욕망을 없애야 비로소 얻을 수 있다고 믿는 요원한 목표다. 마침 우스벡의 머릿속에 초콜릿을 먹고 싶은 욕망을 억눌러야만 하는 큰 고통에 시달리는 초콜릿 중독자의 모습이 순간적으로 떠올랐다. 그것이 행복의 모습이란 말인가? 초콜릿 중독자가 초콜릿을 먹지 않는다는 것은 행복해지기를 체념한다는 뜻이 아닐까?

우스벡은 다시 이야기의 처음으로 돌아간다. 위대한 인간 문화의 세계를 다시 마주한다. 그리고 필드노트에 이렇게 적는다.

 문화란 사피엔스가 행복해지려는 기대를 안고 행한 모든 행동을 말한다. 즉, 고통을 피하고, 즐거움을 고취하고, 사회관계를 향유하며, 분쟁을 평화적으로 해결하고, 유희적이며 창조적인 활동을 즐기는 것이다. 사피엔스는 때로는 분별 있게, 때로는 아무렇게나 되는대로 그러한 행동을 해 왔다.

우스벡은 이제 새로운 초점으로 접근하게 되었다. 인류의 역사는 행복을 찾는 여정의 역사라는 것, 즉 필요와 포상의 역사, 다시 말해 욕망의 역사다. 우스벡은 필드노트에서 행복을 좇는 이들의 노정路程과 행복 실현을 위해 시도했던 노력들을 추적한다.

마인드맵 2

영적 동물의 출현

호모속

그 사이에 무슨 일이 있었지?

-6,000,000 ⊠ -1,000,000 만년전

인간을 제대로 이해하려면 생물학적인 특성을 연구해야 한다.

뇌
큼

소화기관
작음

머리
큼

뇌의 크기가 커지면서 소화기관에서 쓰던 에너지까지 끌어와서 쓴다.

20만 년 전 언어를 발명할 때, 사피엔스는 표상을 단어와 연결하게 된다. 그때 유머나 오해, 무한대 같은 개념이 생겨난다.

∞ ∞ ∞ ∞
S M L XL

표상

타자

그렇게 사피엔스는 상상하고 사물과 계획을 조정할 수 있는 능력, 그리고 그 모든 것의 이면에 있는 가능성을 발견하는 능력을 갖추게 된다.

생물학

사피엔스는 발명을 통해 음식을 더 쉽게 소화하게 된다. 이는 사피엔스의 유전자를 변화시켰다.

이 현상은 상징적인 사고, 즉 정확한 계획 덕분에 가능하다.

지능은 상징적인 사고로 감각에 사로잡힌 현실 세계의 **표상**을 창조하게 된다.

오늘날 사피엔스는 삼중 세계에서 살고 있다.

현실
정신세계의 표상
단어

인류의 역사는 **욕망**을 해결하는 여정의 역사다.

욕망과 포상은 행동을 유발하는 원인이다. 최종 지향점은 **행복**이다.

행복

상징

상징적인 사고가 사피엔스를 **다른 동물들**과 구별 짓는 특징일까?

독수리는 목적을 달성하기 위해 일련의 정보를 따르고, 토끼의 **표상**을 조정한다. 그러나 상징적인 사고는 **대답이 될 수 없다.**

사피엔스의 지능은 **감정**을 통해 자신의 행동 방향을 결정한다.

3

기계 속 유령

관리지능

생성지능

우리의 무의식은 멈추지 않는 베틀이다

욕망은 의식적인 경험이다. 우스벡은 여기서 한 걸음 더 나아간다. 그런 경험은 어떻게 생겨나는가?

 우스벡의 기억은 몇 가지 사례로 질문에 대한 답을 대신한다.

갈증은 마시고 싶은 욕망이다. 인간은 혈중 나트륨 농도를 일정하게 유지해야 한다. 나트륨 농도가 올라가면, 뇌에서 센서가 작동한다. 이러한 물리화학적인 현상은 사피엔스가 마시는 행동을 하도록 유도하는 감각인 '갈증'이라는 의식의 상태로 넘어간다.

옥시토신은 애정이라는 감정을 유발하는 호르몬이다.

알코올은 뇌에서 화학 반응을 일으킨다. 그래서 알코올을 섭취하면 행복감이나 긴장 완화, 마음의 평정, 정신 착란 등을 경험하게 된다.

결론부터 말하자면, 사피엔스는 의식을 통해 자신의 신체와 주변에서 일어나는 일들을 경험하게 된다. 눈을 뜨면 눈앞에 펼쳐진 광경을 보게 된다. 읽어야 할 책이라든지, 책을 올려 둘 탁자, 창문, 풍경 등등. 그렇지만 다행히도 눈을 뜬다든지 눈으로 보는 등의 매우 단순한 경험을 하는데 필요한 신경 세포의 복잡한 기능까지는 알 필요가 없다. 가시광선의 전자기파가 물체에 부딪히면 물체의 일부는 흡수되고 나머지는 반사하여 사피엔스의 망막을 자극한다. 전자기파를 신경 임펄스(소형 전압 전류)로 변환하기 위해 발생하는 그러한 화학 작용은 신경생리학자들조차도 질색하는 복잡한 현상이다. 시각 신경생리학 서적의 일부를 여기에 옮겨본다.

 빛이 망막에 도달하면, 광자는 11-시스-레티날이라는 분자와 상호 작용하여, 몇 초 안에 트랜스-레티날로 재구성된다. 망막 분자의 형태 변화는 망막에 밀접하게 연결된 로돕신이라는 단백질의 형태 변화를 의미한다. 단백질의 형태 변화는 단백질의 행동 변화를 유발한다. 이제 메타로돕신 II 라는 이름으로 불리게 된 단백질은 트랜스듀신 등의 다른 단백질과 결합한다.

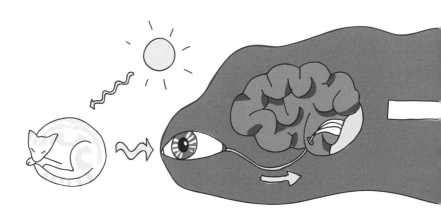

이 모든 복잡한 반응으로 자극의 다양한 측면에 반응하는 약 1억 개의 신경이 발사된다. 이 정보는 시신경을 통해 이동하는데, 뇌의 다른 영역에서 오는 신호를 받아서 정보를 완성하고 후두엽에 도달하면, 그곳에서 신호가 재배열되며 의식적인 시각적 경험이 나타난다. 전자 신호가 지각으로 변하여 의미를 얻게 되는 것이다. 이러한 변화에 당황한 인간 과학자들은 새로운 현상이 발생했다고 말한다. 급격히 새로운 무언가는 늘 오래전부터 존재하던 조건에서 생겨나는 법이다. 이 법칙은 무기물에서 생물체로 넘어올 때, 이 경우에는 물리화학적 사건에서 의식으로 넘어올 때도 적용되었다. 우스벡은 '우발적 사고'로 분명해지는 것은 아무것도 없다고 생각한다. 그저 불가사의한 새로움이 과학자들을 난처하게 만들 뿐이다.

인간의 지능은 이러한 의식적인 경험을 하며 저 너머에 있는 무언가를 알고자 더 노력하게 되었다. 그것은 과학자, 지질학자, 예술가, 신비주의자와 같은 탐험가들의 과제였다. 우스벡은 그들의 발자취를 따라간다. 과학자들은 수년의 연구 끝에 우리 인간의 의식적인 경험의 기원인 뇌의

작동 원리를 발견했다. 그리고 뇌의 주인조차도 자신의 뇌가 운영하는 정보의 대부분을 알지 못한다는 사실에 놀랐다. 마치 컴퓨터와 비슷하다. 사용자는 화면에 나타나는 것은 보지만, 컴퓨터 내부에서 일어나는 일련의 전자 현상은 보지 못한다. 이러한 현상은 모든 인체에서 일어난다. 모든 인

간은 신체 내부에 간이라는 기관을 가지고 있고, 그 덕분에 생명을 유지하고 있지만 매 순간 간이 어떤 일을 하는지는 알지 못한다.

우스벡은 진화된 사피엔스가 자신의 뇌가 실행하는 모든 정신 작용에 대해 거의 아는 것이 없다는 사실을 깨달았다. 전문가들에 따르면 뇌의 정신 작용은 초당 10^{14}에 이른다. 다시 말해 1이라는 숫자 뒤에 0이 14개나 붙는다. 그야말로 거대한 수치다. 사피엔스는 좋은 생각이 어디에서 비롯되었는지를 이야기할 때 불가사의한 사고방식에 이끌려 영감에 관해 말하곤 한다. 말하자면, 어떤 우월한 힘이 자신에게 영감을 준다고 믿는 것 같다. 사피엔스가 지능의 상당한 부분을 알지 못한 탓에 그것을 적절하게 운영하지 못하고 있는 것 같다고 우스벡은 생각한다. 우스벡은 사피엔스의 그런 부족함을 채우기 위해 지능이라는 주제를 조금 더 깊이 파보기로 했다. 우스벡의 기억은 한 가지 놀라운 데이터와 주제를 관련시켰다. 뇌는 매 순간 많은 에너지를 소비한다. 집중해서 일할 때도 그렇고 쉬거나 잘 때도 그렇다. 그 말인즉 뇌는 언제나, 밤이나 낮이나 열심히 일한다는 뜻이다. 스스로 무언가를 만들어 내는 능력은 꿈에서 입증된다. 우스벡이 무척 흥미를 느끼는 부분이기도 하다. 인간은 창의력이 매우 풍부한 꿈을 꾼다. 아우구스트 케쿨레August Kekulé라는 저명한 화학자는 꿈에서 벤젠의 탄소 고리 구조를 발견했다고 했을 정도다. 그렇다면 꿈은 누가 만들어 내는가? 정신과 의사들은 환각을 연구한다. 환자들은 어디선가 그들에게 명령을 내리는 목소리를 듣는다고 한다. 어디서 들려오는 소리일까? 우스벡이 알고 있는 관련 사례는 차고 넘친다. 인간은 늘 자신의 내면에서 다른 목소리를 듣는 경험을 해 왔다. 자신의 내면에서 비롯된 소리를 인식하는 데 시간이 너무 오래 걸려서 그런 걸 수도 있다. 고대 문학, 예컨대 『호메로스』에서 인간은 모든 사건을 신성한 인물의 탓으로 돌린다. 가장 극단적인 사례는 심리학자 어니스트 힐가드 Ernest Hilgard가 연구한 이중인격 환자들의 경우다. 조나라는 27살 된 남자가 있었다. 그는 두통이 너무 심하다며 병원을 찾았다. 의료진은 조나의 행동이 순간적으로 급격하게 변한다는 사실을 발견했다. 우연히 일어나는 현상이 아니었다. 의료진은 컴퓨터와는 다르지만 마치 어떤 프로그램인 것처럼 그의 뇌 안에 세 개의 비교적 안정적인 성격 구조가 만들어져 있다는 결론을 내렸다.

우스벡은 뭔가 분명해짐을 느꼈다. 기초 수준의 뇌는 꿈이나 환각 같은 사건을 발생시키는 역할을 한다. 이런 상상을 '걱정 생성기' 또는 인지를 연구하는 심리학자들의 말처럼 '가설 생성기'라고 할 수 있을 것이다. 또 신경학자들 중 일부는 인간이 '이야기 생성기'를 가지고 있다고 주장한다. 이것은 우리가 무슨 일을 겪을 때 소위 '상상의 나래'라고 부르는 일의 전말을 풀어 주는 '통역사' 같은 것이다. 자연스럽게 상상력을 발휘하여 이야기를 만들어 내는 백일몽의 작가라고도 할 수 있다. 또한 기초 수준의 뇌는 욕망과 감정의 생성기다. 그래서 이런 관점들을 종합하여 우스벡은 기초 수준의 뇌를 '생성 지능'이라 부르기로 했다. 생성 지능은 비옥하고 확장적이다. 생각 위에 생각을, 이미지 위에 이미지를 짓고, 계획하고, 만들어 낸다. 그리고 말하는 지능이다. 잠에서 깨면 우리는 '의식의 흐름'을 경험하기 시작한다. 생각하기 시작하고, 느끼기 시작하고, 기억하기 시작한다. 자는 동안 잠시 멈추어 있던 어제의 의식과 연결할 끈을 되찾는 것이다. 이런 의식의 흐름의 동력원은 생성 지능이다. 따라서 우리가 미처 깨닫지 못한 사실, 자는 동안에도 뇌가 일하고 있다는 것을 알게 해 준다. 기억이 고정되는 것도 이때 일어난다. 우리가 신화학자라면 기억을 꿈의 딸이라고 말할지도 모른다.

모차르트가 만든 곡들의 진짜 작곡가가
누구인지 아는가?

　　　　자동으로 이루어지는 이런 과정들은 매우 복잡하게 보일 수도 있다. 우스벡은 예술에서 확인되는 다수의 사례를 알고 있다. 시인 새뮤얼 테일러 콜리지Samuel Taylor Coleridge가 자신의 꿈에서 들은 내용을 썼다는 시 「쿠빌라이 칸」이나, 꿈에서 자신의 작품들을 한꺼번에 다 봤다고 편지에 쓴 모차르트의 이야기다. 그러나 우스벡은 보다 논리적인 활동, 예를 들면 수학의 사례에 더 관심이 간다. 역사상 가장 뛰어난 천재인 가우스Gauss는 정수론의 복잡한 정리를 발견한 사실을 편지에 썼다. "이

틀 전 나는 드디어 해냈다. 나의 고된 노력으로 이룬 업적이 아니라 신의 도움으로 해낸 일이다. 갑자기 번개가 번쩍하더니 수수께끼가 풀렸다. 내가 이전에 알고 있던 것과 지금의 성공이 어떤 연관으로 이어져 있는지 나 자신조차도 설명할 수 없다." 해밀턴은 사원수를 발견하고 이렇게 말했다. "인생이 완전히 성숙한 무렵에 접어든 1843년 10월 16일, 나는 아내와 더블린으로 가고 있었다. 브로엄 다리까지 왔을 때, 그토록 찾아 헤매던 사원수가 내 안에서 불꽃을 튀기며 나타났다."

우스벡은 인간의 뇌가 미처 깨닫지도 못한 사이에 놀라운 일들을 해내고 있음을 인정하는 듯했다. 수학을 몰라도 수학 이론을 증명하거나 무질서한 대량 정보에서 패턴을 발견하기도 한다. 돈이 무엇인지 몰라도 합리적으로 융자를 제공한다. 자신이 쓰고 있는 내용을 잘 이해하지도 못하면서 기사를 작성한다. 정보 프로그램에 의해 내려지는 의사의 진단은 매우 신뢰할 만하다. 변호사, 엔지니어, 경제학자들의 업무의 상당 부분은 컴퓨터가 처리할 수 있다. 구글 번역기 같은 프로그램은 번역하는 내용을 이해하지 못하지만 다른 언어로 번역할 수 있다. 이렇게 복잡한 일이 어떻게 가능한가?

나는 자체적으로 우스벡이 언급한 사례들을 확인해 보았다. 내가 보기엔 뭔가 음모가 있는 것 같았기 때문이다. 그러나 유사한 사례를 더 많이 찾아낼 뿐이었다. 영국의 저명한 수학자 G.H.하디G.H.Hardy는 인도 출신의 기이한 수학자인 스리니바사 라마누잔Srinivasa Ramanujan에 관한 이야기를 글로 남겼다. 라마누잔은 정수론에서 위대한 업적을 남겼지만, 자신의 정리들을 어떻게 발견했는지 증명할 수 없었다. 자신의 업적을 나마기리 여신의 공으로 돌릴 뿐이었다. 프랑스의 수학자 앙리 푸앵카레Henri

Poincaré의 일화 중에는 복잡한 푸크스Fuchsian 함수 문제에 대한 해답이 별안간 머릿속에 떠올랐다는 이야기도 있다. 당시 푸앵카레는 소풍을 떠나려고 막 버스에 오르던 참이었고, 푸크스 함수에 대해 전혀 생각하고 있지 않았다고 한다. 하지만 평소 푸앵카레는 함수 문제로 고민하고 있었고, 답을 찾기 위해 이리저리 생각하고 있었다. 푸앵카레의 사례를 통해 명백한 결론을 찾을 수 있다. 그는 함수 문제를 생각하지 않았지만 그의 뇌는 생각하고 있었던 것이다. 결론적으로 말하자면 수학적 창조는 무의식에서 일어난다. 매번 그런 건 아니지만, 결국 그는 수학이 무의식적으로 미학적 비전에 의해 옮겨짐으로써 창조되었다는 결론을 내렸다. 그래서 머릿속에 우연히 떠오르는 생각일지라도 늘 비판적으로 검토해야 했다. 인공지능의 아버지라 불리는 시모어 패퍼트Seymour Papert는 그의 저서 『마인드스톰』에서 이렇게 말한다. "수학적 작업은 하나의 진리에서 다른 진리, 그리고 또 다른 진리로 가는 좁다란 논리의 오솔길을 따라 진행되는 것이 아니다. 그것은 단순하지도 완벽히 맞지도 않은, 그렇다고 단순하지도 완벽히 틀리지도 않은 정리의 늪을 통해 대담하게 혹은 더

듬거리며 일탈을 계속한다."

　그러니 우스벡의 말이 옳다. 사피엔스의 뇌는 정보를 산출하는 강력한 힘을 가진 생물학적 기계다. 사피엔스의 뇌가 가진 생물학적 능력은 — 우스벡은 종종 이것을 컴퓨터 배선이나 자신의 하드웨어와 비교한다 — 그 안에 설치된 '애플리케이션'과 프로그램, 소프트웨어 등으로 완성되어 있다. 생성 지능이 의식적인 현상을 생산한다는 사실에 더 이상 의심의 여지가 없을 것 같다. 이는 우스벡이 속한 문명의 선진 로봇 공학으로는 할 수 없는 일이다. 단 한 번도 의식적인 로봇을 만들어 낸 적이 없었으니까. 인간 주체는 뇌세포의 사건들을 경험하는 것이 아니라 인지, 기억, 생각, 이미지, 감정, 정서, 자극 등을 경험한다. 원하든 원치 않든 말이다. 클레르보에 있는 수도원의 원장이었던 산 베르나르도San Bernardo는 다른 수도사들과 기도를 하는 자리에서 머릿속을 어지럽히는 생각으로부터 해방될 수 없음을 한탄했다. '불순함, 자만, 야망, 열망 등으로 우리를 괴롭히는 이 허망하고, 유해하며, 음란한 생각들은 대체 어디서 오는 것인가? 이토록 숭고한 평정 속에서도 숨만 겨우 쉴 수 있게 하는구나.' 우스벡은 이미 답을 알고 있었다. 그러한 생각의 출처는 바로 생성 지능이다.

　사피엔스는 한 가지를 배웠다. 욕망은 행동을 유발하지만, 충동적인 행동이 마냥 유용하기만 한 건 아니라는 사실이다. 단체 생활을 하려면 자신을 통제할 수 있어야 한다. 협력하는 데도 자기 통제가 필요하다. 협력은 인간의 위대한 도약에 꼭 필요한 요소였다. 또 충동적인 삶에 변화를 요구하기도 했다. 이제 현대적인 지식으로 무장한 사피엔스는 생성 지능으로 떠오르는 제안을 무조건 믿어서는 안 된다는 것쯤은 알고 있다. 그토록 폭발적인 창조성은 자기 통제나 감시, 행동 지도 같은 체계가 없었다면 많은 문제를 낳았을 것이다. 우스벡은 인간의 절대적으로 변형된 능력인 빅뱅 영역에 가까이 왔음을 예감했다. 사피엔스는 의식적인 경험으로부터 모든 무의식적인 기계 장치들을 통제하거나 이끌 수 있게 되었다. 앞으로 가라거나 멈춰 서라고 명령을 내릴 수 있게 된 것이다. 인간의 지능은 의식적으로, 다시 말해 표상과 생각, 프로젝트를 이용해 자기를 통제할 수 있는 동물적 지능이다. 말하자면 인간은 어제 자기가 한 일을 자발적으로 기억할 수 있다. 또 아르헨티나의 수도가 어디인지, 버베나가 무엇인지 자발적으로 생각할 수 있다. 물론 인간 주체는 그런 작업을 달성하기 위해 뇌가 무슨 일을 해야 하는지는 알지 못한다. 그저 명령을 내리고 기억이 대답할 때까지 기다릴 뿐이다. 독자 여러분도 증명할 수 있다. 잠시 독서를 멈추고 중의어 하나를 떠올려 보라. 예컨대 스페인어의 '가토Gato'는 고양이라는 동물과 잭이라는 기계 장비의 두 가지 뜻을 가진 단어다. 머릿속에서 무언가를 찾고 있다는 느낌이 들 것이다. 두 눈도 함께 움직이고 있을지 모르겠다. 더 가능성이 큰 것은 당신의 의식에서 몇 가지 다른 예시가 떠오르리란 것이다. 당신의 기억이 이미 명령을 수행했을지도 모르겠다(스페인어의 방코Banco는 앉을 수 있는 벤치와 은행을 뜻한다. 카르데날Cardenal은 혈종과 추기경을 뜻한다). 우스벡은 필드노트에 이렇게 썼다.

> 인간 지능의 특징은 생성 지능의 활동을 어느 정도 조정하고 지도하고 통제할 수 있다는 것이다. 자기 통제 능력은 인간을 인간답게 만든다.

유전자 관리

트윗19.

당신이 명령할 때 명령하는 자는 누구인가?
당신이 결정할 때 결정하는 자는 누구인가?

통제 능력은 새로운 능력이다. 결정적인 능력. 위대한 진화의 단절을 야기한 능력. 자연적인 힘을 상징적인 힘으로 조절하기 위해 자연적인 힘을 단절한 능력이다. 동물의 뇌는 내외의 자극에 따라 작동한다. 우스백은 독수리의 사례를 상기했다. 독수리는 배고픔이라는 내적 감각과 토끼라는 외부 자극에 따라 사냥 프로그램을 작동했다. 인간도 배고픔을 느낀다. 그렇지만 먹지 않는다. 그것이 자신의 목적과 맞지 않기 때문이다. 다이어트나 종교적인 이유를 예로 생각해 볼 수 있다. 돌고래의 경우도 떠올려 보았다. 사육사의 말에 복종하도록 교육 받은 돌고래는 명령에 따라 움직였다. 어린아이는 선생님의 명령에 복종하도록 교육 받는다. "종소리가 들리면 나에게 알려주렴"과 같이 미래에 일어날 일에 대한 명령도 예외는 아니다. 그런데 그랬던 아이가 다섯 살 무렵부터는 자기 자신에게 명령하기 시작한다는 사실을 우스벡은 알게 되었다. 사회적으로 그렇게 하기로 한 일상적인 것들에 반박하기 시작한다. 아이는 남은 생을 그렇게 행동한다. 외적 행동을 내면화한 것이다. 예를 들면, 기억 속에서 정보를 찾아내야 하는 질문에 대답하도록 교육 받는다. 부모가 아이에게 질문한다. "학교에서 뭘 배웠니?" 아이는 대답한다. "두 자릿수 더하기요." "공을 어디다 두었니?" "계단에요." "가장 친한 친구 이름이 뭐니?" "카를로스요." 아이는 자라면서 이런 질문들을 자기 자신에게 하게 된다. 그렇게 자기 기억을 운영한다. 이 또한 남은 생애 동안 반복될 것이다. 사피엔스의 뇌는 이와 같이 사회적 교육 과정에서 자기 자신에게 명령을 내리도록 교육 받았다. 언어는 잠재력이 있는 자기 통제 수단이다.

여기까지가 인간의 뇌에서 관리 지능이라 불리는 '슈퍼 애플리케이션'이 구성되는 방식이다. 관리 프로그램의 일종인 슈퍼 애플리케이션은 네 가지 기능을 담당한다. 첫째 생성 지능에 목표를 설정하고, 둘째 생성 지능이 제안하는 내용을 평가하고, 셋째 행동으로 옮기거나 대답을 차단하거나 대안을 요구하고, 넷째 행동에 동기를 부여한다. 슈퍼 애플리케이션의 기능은 본래 지닌 중요성에도 불구하고 생성 지능의 행동에 좌우된다. 비행기를 운전하는 조종사의 관리 능력이 엔진의 성능에 좌우되는 것과 같은 이치다. 조금 더 인간적인 예를 들자면, 통치자의 능력은 통치를 당하는 자들이 그것을 받아들일 때만 행사될 수 있다. 관리 지능에는 세관원과 유사한 기능이 있다. 얼핏 떠오른 생각들은 의식을 자기 것으로 만들고 싶어 하거나 행동으로 옮기고 싶어 한다. 세관원의 업무는 서류를 검사한 뒤 통과시킬지 반려할지 결정하는 것이다. 조너선 하이트 Jonathan Haidt는 비유를 들어 설명한다. 관리 지능은 생성 지능이라고 할 수 있는 코끼리의 조련사다. 코끼리가 어떤 식으로든 협조하지 않는다면 조련사는 코끼리를 조련할 수 없을 것이다. 이것이 교육의 독특하고도 복잡한 과제다.

 우스벡의 기억은 수많은 정보를 떠올린다. 생성 지능과 관리 지능을 구분하는 이중 지능 이론은 다음과 같은 다양한 분야에서 나타난다.

- **신경학 :** 전두엽은 관리 기능을 담당한다. 즉 자율 신경계에 의존하는 기능을 제외한 나머지 기능을 계획, 통제, 모니터링하는 역할이다. 경우에 따라서 자율 신경계에 의존하는 기능이 포함될 때도 있다(예, 요가 훈련 뒤).
- **정보학 :** 컴퓨터의 기본 구조는 어떤 생성 프로그램을 작동할지 결정하는 상위 단계의 관리 프로그램으로 구성되어 있다.
- **체스 게임 프로그램 :** 가능한 게임 회차(초당 2억 회)를 만들어 내는 생성 프로그램이 있고 난 다음에 게임을 평가하여 최고의 게임을 가려내는 프로그램이 있다.

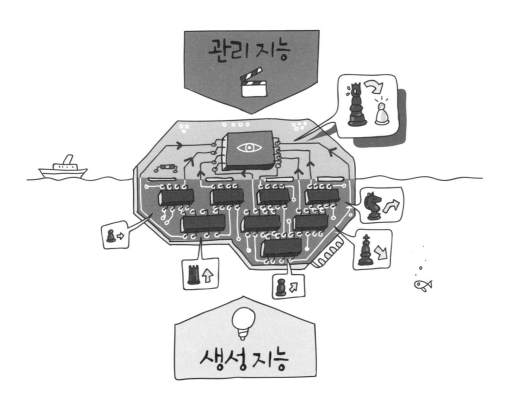

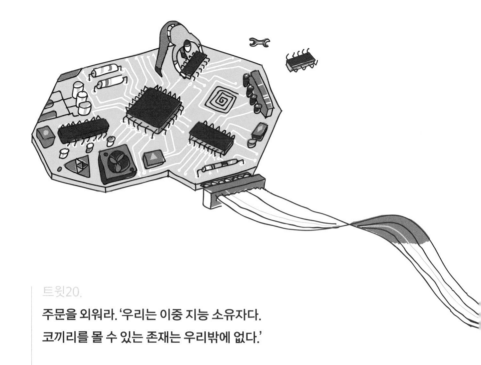

주문을 외워라. '우리는 이중 지능 소유자다.
코끼리를 몰 수 있는 존재는 우리밖에 없다.'

　　　　　관리 지능은 생성 지능의 기본 작동 방향을 목표로 전환한다. 모든 고등 동물은 위험 상황에 대비하기 위한 경계 장치로서 '자동주의' 시스템을 가지고 태어난다. 사피엔스는 그에 더해 사물에까지 주의를 돌릴 수 있다. 동물들은 기억력이 있으며 자발적으로 학습한다. 사피엔스는 무엇을 배우고 싶은지 결정할 수 있고, 자신의 기억력을 배우고자 하는 내용으로 인도한다. 모든 심리적인 작동은 하나의 계획에 따라 진행될 때 전환된다. 시각적 인식만 봐도 그렇다. 눈을 뜨고 있지만 받아들일 수 있는 정보는 한정되어 있다. 만약 우리가 화가나 식물학자, 암벽등반가, 건축업자와 함께 등산을 한다면, 모두 같은 것을 보지만 다르게 인식한다는 사실을 확인하게 될 것이다. 화가는 자연의 선과 색을, 식물학자는 산에 서식하는 식물군을, 암벽등반가는 그립을 설치할 구멍을, 건축업자는 그곳에 건설할 집에서 보게 될 풍경 등을 생각할 것이다. 각자의 목표에 따라 정보는 달리 해석된다.

우스벡은 다음과 같은 결론을 내린다.

사피엔스는 관리 지능과 생성 지능, 즉 이중 지능의 소유자다. 이것이 사피엔스만의 차별되는 능력이며, 창조성과 자유로운 행동의 발원지다. 이중 지능이 바로 인간의 진정한 진화를 깨워 일으킨 빅뱅이다.

자기 자신을 이해하고 싶다면
정신과 의사를 찾아라

우스벡은 이중 지능에 관한 생각이 과연 정확한 것인지 확인하려면 정신병원을 가 보는 것이 좋겠다고 생각했다. 앞서 사피엔스의 행동과 관련된 정보를 구하려고 미술관, 도서관, 교회, 연구소, 재판소 등을 방문했었다. 다음 단계로 그는 지능을 병리학적 관점에서 연구하고자 한다. 정신착란도 인간의 특징 중 하나다. 우스벡은 많은 정신병이 생성 지능의 이상 기능이나 관리 지능의 효율성 저하로 발생하는 것임을 알게 되었다. 예를 들어, 강박 장애는 무언가에 관한 생각을 멈출 수 없다거나 어떤 식으로든 행동하지 않을 수 없는 병이다. 다시 말해, 강박 장애로 관리 지능의 제어력이 차단되고 주체가 생성 지능의 뜻대로 행동하게 된다.

 우스벡의 기억은 우스꽝스러운 사례 하나를 떠올린다. 먼지의 공포에 사로잡힌 한 여성이 있었다. 그녀는 지붕을 닦을 때마다 물을 60리터씩 써댔다. 인생을 사다리 위에서 보낸 셈이다. 비극적이게도 그녀는 매우 순진한 모습으로 이렇게 말했다. "나에게는 흠잡을 데 없는 남편, 어여쁜 아이들, 건강, 남들이 부러워할 만한 재산이 있었지만, 망할 놈의 먼지도 있었어요!"

강박 장애는 매우 똑똑한 사람들에게 나타날 수 있다. 널리 알려진 사례로는 에디슨의 경쟁자이자 전기를 상업화한 니콜라 테슬라Nikola Tesla의 이야기가 있다. 그는 3의 배수에 집착했었다. 매일 정확히 18개의 수건을 썼으며 한 블록을 3바퀴씩 돌았고, 호텔에서 숙박하면 꼭 207호에서만 묵었다. 모두 3으로 나누어지는 숫자이기 때문이었다.

환각도 두 가지 지능의 관계에서 기능 장애를 나타내는 사례다. 환각에 빠진 관리 지능은 생성 지능이 생산한 목소리나 이미지를 외부에서

온 것이라고 잘못 판단해 버린다. 이를 두고 정신과 의사들은 환자들이 현실을 평가하는 방식이 잘못되었다고 말한다. 중독도 우스벡이 말하는 이중 구조로 설명할 수 있는 병리학적 현상이다. 자폐 스펙트럼 장애에서 나타나는 기계적 행동이나 틀에 박힌 행동도 마찬가지다. 전두엽이 많이 손상되면 계획된 행동이나 주의, 충동 억제 등이 방해를 받는다. 우울증, 조증, 양극성 장애 등은 생성 지능이 제대로 통제되지 않아 발생하는 질환이다. 이때 약리학적 치료로 기대하는 효과는 생성 지능의 교란 또는 관리 지능의 향상이다. 이는 정신요법이 의도하는 바와 같다. 예컨대 주의력 결핍이나 과잉 행동 장애가 암페타민 같은 자극제 투여로 개선되는 모습은 일견 모순적이기도 하다. 이에 가능한 설명은, 다른 기능을 제어하는 관리 시스템이 강화되어 그와 같은 효과가 발생할 수도 있다는 것이다.

우스벡이 알게 된 또 하나의 사실은, 문화가 정신 장애의 원인이 될 수도 있다는 것이다. 예컨대 우울증이 증가하는 원인이 현재 삶의 조건 중 일부에 있는 것처럼 여겨진다. 실제로 문화가 병리학적 증상에 어떻게 영향을 미치는지를 연구하는 '문화 정신의학'이라는 학문이 등장했다.

예를 들어 환각을 조현병의 증상이라고 정의하는 정신의학과 교과서의 설명은 최소한 멕시코의 어떤 원주민 부족에게는 통하지 않는다. 그들에게 환각은 슬픔을 표현하는 정상적인 현상이다. 일부 문화 정신과 의사들은 인도에 병리학적 우울증이 없다고 말한다. 인도인이 가진 기본적인 믿음이 우울증을 금지하기 때문이다. 그리고 사하라 사막 이남 국가들이나 중남미 국가들의 과학자들은 서양에서 폐경으로 발생하는 질환이 그들 국가에는 존재하지 않는다고 말한다. 그곳 여성들은 폐경을 일종의 해방으로 해석하기 때문이라는 견해가 있다[Y. Beyene and M. Martin, 『Menopause without symptoms: The endocrinology of menopause among rural Mayan Indians』, Am J Obstet Gynecol., 168, 1993, pp. 1839-1843].

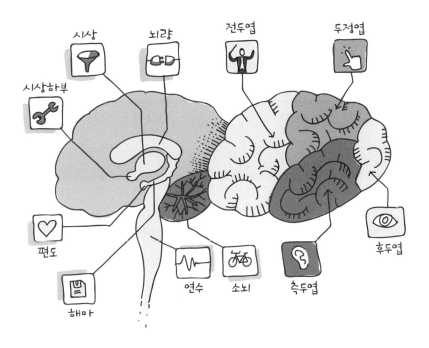

시상 뇌량 전두엽 두정엽

시상하부

편도 연수 소뇌 측두엽 후두엽

해마

**우주는 1.5kg이 채 되지 않는
질량 안에 응축되어 있다**

우스벡은 이중 지능에 관한 자신의 생각이 옳다는 것을 증명하려면, 해부학적 관점으로 주장을 뒷받침할 수 있는 근거를 찾아야 한다고 생각했다. 그래서 우스벡은 1.5*kg*이 채 되지 않는 젤라틴 덩어리를 연구하기로 했다. 뇌 속에서 그가 주장했던 구조를 찾아냈으니 정말 운이 좋았다. 감각 정보를 처리하는 영역, 감정에 반응하는 영역, 움직임을 조직하고 인도하는 영역, 움직임을 실행하는 영역, 과제 실행을 감시하는 피드백 시스템 등 매우 복잡한 동시에 조직적인 구조였다. 우선 수

직적으로 볼 때, 연수는 호흡이나 심장 박동 같은 매우 중요한 활동을 지시하는 영역이다. 연수가 조금이라도 손상되면 생명을 잃는다. 그 위로는 기억과 감정을 관장하는 영역인 해마와 편도가 있다. 더 위로는 연결과 전달 영역, 즉 시상하부와 시상이 있다. 그리고 우스벡의 연구에 매우 중요한 구조가 있다. 바로 신경절이다. 신경절은 기억에 매우 결정적인 역할을 하는 습관을 관장하는 영역이다. 그리고 이 모든 것들을 덮어 버리는 가장 첨단 영역인 외피가 있다. 두 개의 뇌 반구는 뇌량이라 불리는 약 2억 개의 신경 섬유 다발로 연결되어 있다. 뇌는 두정엽, 측두엽, 후두엽, 전두엽으로 구분된다. 후두엽 아래에 소뇌가 있는데, 이는 근육의 움직임을 조직할 수 있는 매우 강력한 컴퓨터와 같다. 뇌 관련 수치는 모두 거대하다. 백억 개의 뉴런이 있으며, 뉴런에 다양한 서비스를 제공하는 신경아교세포는 뉴런보다 훨씬 더 많다. 뉴런은 '수상돌기'라고 하는 나뭇가지 모양의 짧은 돌기를 통해 메시지를 받고, '축색돌기'를 통해 다른 뉴런에 메시지를 보낸다. 이처럼 뉴런은 전기 신호를 통해 메시지를 주고받지만, 뉴런을 연결하는 것은 일반적인 전기 설비와는 차원이 다르다. 뉴런은 시냅스 전 뉴런과 시냅스 후 뉴런 사이의 작은 공간에 의해 분리되며, 메시지는 화학적 수단으로 이 공간을 관통한다. '신경전달물질'이라고 하는 물질은 다른 세포의 신호를 재생한다. 이 신경 물질이 오작동하면 병리가 발생한다. 예를 들어 파킨슨병은 신경전달물질인 도파민이 부족해서 생긴다.

감정 세계와 관리 제어 간의 관계에서 우리가 경험한 것은 신경학에서 가르치는 내용과 일치한다. 전전두엽 피질은 지시, 계획, 결정 등을 관장하지만 감정 에너지의 도움이 없다면 제대로 기능할 수 없다. 이런 관계를 잘 보여 주는 극적인 사례가 있다. 1848년 피니어스 게이지[Phineas Gage] 라는 사람이 버몬트주의 한 철도 공사 현장에서 일하다가 사고를 당했다. 폭발 사고의 여파로 철 막대기가 그의 광대뼈를 지나 전두엽 부분까지 관통한 것이다. 사고의 규모에 비해 게이지의 회복 경과는 좋았다. 놀랍게도 어떤 가시적인 후유증도 관찰되지 않았다. 사고 전과 비교해 유일하게 변한 것은 바로 그의 성격이었다. 사고 전에는 매우 책임감이 강하고 성실한 사람이었는데, 사고를 당한 뒤에는 자기 통제가 안 되어 직업조차 유지할 수 없는 사람이 되어 버렸다. 그로부터 1세기가 지난 뒤 저명한 신경과학자인 안토니오 다마지오[Antonio Damasio]는 게이지의 사례에서 철 막대기가 전두엽과 감정 영역(변연계) 간의 연결을 끊어 버렸다고 주장했다. 다마지오는 전두엽과 변연계의 연결로 감정과 충동적인 행동이 제어된다는 사실을 밝혀냈다. 그는 이외에도 다른 사실들을 발견했다. 감정 활동은 전두엽이 결정을 내리는 데 꼭 필요한 요소라는 사실이다. 감정이 배제된 이성은 마비된 이성이요, 이성이 없는 감정은 통제되지 않는 감정이라는 것이다. 이성과 열정의 오래된 대립 관계가 새로운 빛을 보게 되었다.

우스벡은 이렇게 인간 지능의 구조를 파악했지만 만족하지 않았다. 그는 '역심리학' 프로젝트에 참여하고 있으며 지능이 가진 능력의 계보를 연구하고자 한다. 그렇게 하고도 지워지지 않는 의문, "인간은 대체 어디까지 도달할 수 있을까?" "그래서 인간 지능의 진화는 이제 완전히 끝난 것인가?"

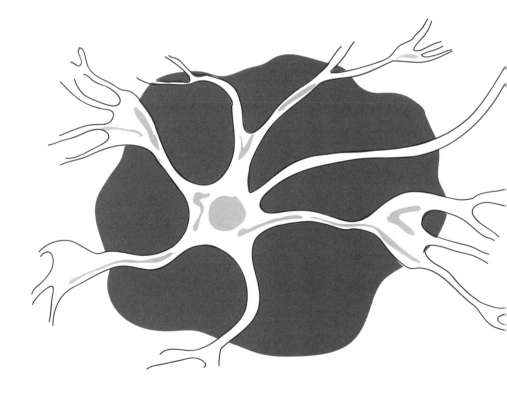

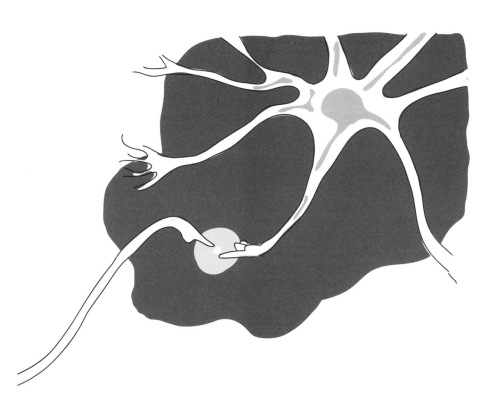

아인드앤 3

기계 속 유령

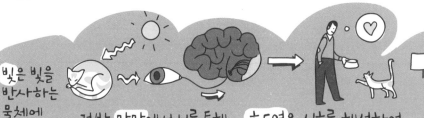

빛은 빛을 반사하는 물체에 비친다.

정보는 **망막**에서 뇌를 통해 시신경에 전달된다.

후두엽은 신호를 해석하여 의식적인 경험으로 전환한다.

많은 **정신질환**이 생성 지능의 오작동과 관리 지능의 효율성 부족으로 생긴다.

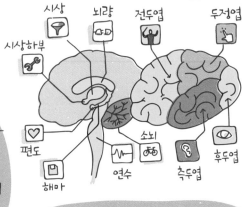

시상
뇌량
전두엽
두정엽
시상하부
편도
해마
연수
소뇌
측두엽
후두엽

이중 지능은 창조성과 자유로운 행동의 기원이다. 그리고 사피엔스의 **진정한 진화**를 깨워 일으킨 **빅뱅**이기도 하다.

그리하여 세관원과 같은 기능을 하는 슈퍼 애플리케이션이 어떻게 뇌에 조직되는지를 알게 되었다. 나는 이를 **관리 지능**이라 이름을 붙였다.

관리 지능의 기능은 생성 지능에 목표를 정해 주고 제안을 검토하는 것이다.

관리 지능   생성 지능

인간은 자신의 뇌가 처리하는 정보의 양이 얼마나 거대한지 알지 못한다.

심지어 잠을 잘 때도 계속해서 정보를 만들어 낸다.

그러한 무지는 컴퓨터 조작에도 적용된다.

이러한 뇌의 기초 단계, 즉 생각, 꿈, 이야기들을 만들어 내는 단계를 생성 지능이라고 부르기로 한다.

관리 지능

생성 지능

의식의 원동력은 매우 왕성해서 감정, 욕망, 생각 을 만들어 낸다.

사피엔스는 욕망이 행동을 일으킨다는 사실을 알게 되었다. 그렇지만 충동적으로 행동하는 것이 늘 이로운 것은 아니다.

어린아이는 언어 라는 강력한 도구의 도움으로 스스로 질문하고 명령 하는 법을 배운다.

어쨌든 생성 지능의 행동을 인도할 수 있다. 자기 통제 는 인간 을 인간답게 하는 능력이다.

4

새로운 진화력

기억을 바보들의 지능이라고 말하는 것처럼
바보 같은 소리도 없다

우스벡은 사피엔스를 영적인 동물, 자기 제어가 가능한 동물이라고 정의했었다. 인간은 어떻게 그런 능력을 가지게 되었을까? 지난 몇 세기 동안 사피엔스는 그것을 신의 선물이라고 생각해 왔다. 그러다 시간이 흘러 진화가 더 그럴듯한 대답이라고 생각하게 되었다. 우스벡은 생물학자들의 연구에 중요한 무언가가 빠진 게 아닌가 하는 의구심이 들었다. 그들은 진화를 자연선택 현상으로 선별된 유전자의 돌연변이로 설명한다. 쓸모 있는 것만 살아남는다는 것이다. 어떤 이유인지는 모르겠으나, 암컷 공작은 다른 수컷보다 더 화려한 꼬리를 선보이는 수컷에게 끌린다. 불편하지만 아름다운 깃털을 가진 수컷들만이 운 좋게 짝짓기에 성공하고, 그렇게 그 종의 영속성은 유지되었다. 우스벡은 인간의 경우를 생각한다. 인간의 진화 과정에는 돌연변이도 있었고 도태도 있었지만 다른 요소도 있었다. 바로 학습이다. 인간의 모든 변화의 바탕에 기억이 있었다는 것을 우스벡은 기억한다. 그리고 살아 있는 존재에게 일어나는 모든 영속적인 변화는 학습의 과정으로 해석될 수 있음을 알고 있다. 면역 체계는 매우 강력한 기억력을 가지고 있으며, 체내에 침입한 박테리아에 활성화되는 항체를 저장한다. 우스벡은 **위대한 비밀** 공식에 새로운 내용을 추가한다.

사피엔스 = 생물 + 문화

사피엔스 = 경이로운 루프

사피엔스 = 생물 + 기억

우스벡이 보기에 사피엔스는 기억에 큰 가치를 두지 않는 것 같았다. 기억에 대해 잘 아는 것 같지도 않았다. 사피엔스는 마구잡이로 물건을 집어넣고 정작 필요할 땐 찾아내기 힘든 창고를 기억과 비교하곤 한다. 그런데 사실 기억은 지능을 성장시키는 능력이다. 생물학적 생명체는 성장 메커니즘, 즉 발달을 위한 신진대사를 가지고 있다. 심리적인 생명도 마찬가지다. 그것이 바로 기억이다. 기억이란 모든 신경 체계가 어떤 경험을 하느냐에 따라 변화되는 능력을 말한다. 그래서 알츠하이머 같은 기억이 붕괴하는 경험을 하게 되면, 모든 지적 활동도 무너진다. 기억과 학습에 관한 연구는 사피엔스를 이해하는 데 반드시 필요한 과제라고 우스벡은 생각했다. 그 자신도 기억에 얼마나 의존하는지 경험으로 알고 있기 때문이다.

모든 동물 종은 학습 능력을 보유하고 있다. 가령 개는 먹이와 종소리를 연합할 줄 안다. 그래서 종소리가 들리면 침을 흘리기 시작한다. 돌고래는 아쿠아리움에서 공중제비 도는 법을 배운다. 보노보 칸지Kanzi는 두 단어로 된 문장을 말하는 법을 배웠다. 그들은 모두 특별한 학습 능력, 무

언가를 배우고자 하는 성향, 그리고 학습 한도를 가진 채 태어난다. 인간은 학습 능력에 관한 한 다른 모든 동물에 비해 우월하다. 예컨대 6살짜리 아이는 1만 3천 개의 단어를 사용하여 말하는 법을 배운다. 논리적으로 생각하고, 예상하고, 상상한다. 다른 사람의 의도를 이해할 줄 알며, 글쓰기와 같은 매우 정제된 운동 기술을 습득한다. 연상이나 모방을 비롯하여 칭찬받았던 행동을 반복하는 등 다양한 학습 과정을 자유롭게 활용한다.

인간은 사실 방법도, 의미도 모르면서 학습한다. 연상하고 관련짓고 계산하고 규칙을 인지하고 다름을 인식하고 일어날 일을 예상한다. 인간의 학습 능력은 향상되고 가속화되었다. 타인의 경험을 공유하기 때문이다. 인간은 불을 다시 발견해 낼 필요가 없다. 또한 돌도끼도 다시 만들어 낼 필요가 없다. 이미 발명되어 있기 때문이다. 추위로부터 신체를 보호하기 위해 동물의 가죽을 꿰매는 방법을 알아낼 필요도 없다. 약 10만 년 전에 이미 알아냈기 때문이다. 후대에 발견된 의복들이 만들어진 날

짜는 꽤 이상한 방법으로 확인되었다. 의복에서 발견된 이의 DNA 분석을 통해 추정한 것이다. 어떤 물건의 흔적을 추적하려 처음부터 다시 시작할 필요가 없다. 다른 물건으로 알 수 있기 때문이다. 루이스 리벤버그 Louis Liebenberg는 남아프리카에서 사냥꾼들의 전문적인 추적 기술에 필요한 인식 요선들을 연구해 왔다. 이 추적 기술은 매우 정교한 패턴 인식 기술, 매우 신중한 관찰력, 그리고 자연의 역사에 대한 매우 귀한 정보의 보고 등의 결합으로 완성된다. 사냥꾼은 같은 동물이어도 피곤하거나 놀랐거나 긴장하거나 긴장하지 않았을 때 발소리가 어떻게 다른지 알고 있다. 젊은 사냥꾼은 숙련된 사냥꾼들의 경험에서 배운다.

 우스벡은 필드노트에 이렇게 썼다. '학습은 영양 섭취와 비슷하다. 무언가를 배우거나 무언가를 먹으면 외부에서 들어온 성분은 소화되어 흡수된다. 두 경우 모두 음식(또는 정보)이 소화되기 쉽게 사전에 요리되어 있으면 먹거나 배우는 작업이 훨씬 수월해진다.'

우스벡은 연구 초반에 발견한 경이로운 루프가 시간의 흐름에 따라 더 명확해지고 있다고 생각했다. 사피엔스의 지능은 지능으로 되돌아가고 지능을 변화시키는 무언가를 창조한다. 그것이 학습이 하는 일이다. 우스벡은 도서관, 미술관, 연구실, 법원, 정신병원과 함께 인간의 가장 근본적인 발명의 하나인 학교를 연구해야겠다는 생각에 이르렀다. 학교는 사피엔스의 지능을 보다 더 명확히 관찰할 수 있는 기관처럼 보였다. 인간은 인간의 진화가 학습에 기반한다고 생각하여, 그것을 강화하고 이끌어 낼 수 있는 장비인 학교를 발명했다. 우스벡은 학교를 농업과 연관지었다. 농업은 영양 섭취를 확보하기 위해 발명한 장비였다. 학교는 안정적으로 학습하고 사회 내의 지식을 영속하기 위해 발명한 도구였다. 우스벡의 기억이 그의 의문을 단번에 해결했다. 문화Cultura는 재배Cultivo라는 단어에서 비롯했다는 사실을 끄집어냈기 때문이다.

애플리
케이션

트윗24.

조련사는 누가 조련하는가?

우스벡은 노트에 이렇게 쓴다. '진화는 사피엔스의 뇌가 의식적으로 자신을 제어하는 법을 배우게 되면서 크게 도약했다.' 우스벡은 질문한다. '그런데 그런 진화의 도약이 어떻게 가능했지?' 힌트를 찾기 위해 수상 공원에 간다. 마침 돌고래와 범고래의 공연이 펼쳐지고 있다. 수영장 한 귀퉁이에서 조련사가 고래들에게 명령을 내리면 동물들은 그 명령에 따라 움직이는 모습이 펼쳐지고 있다. 우스벡이 보기에는 이상하고 이해하기 힘든 풍경이다. 대체 무슨 일이 벌어지고 있는 거지? 상대적으로 우월한 수준의 뇌를 가진 인간이 강하지만 하등한 수준의 뇌를 가진 범고래와 돌고래에게 하나의 '애플리케이션'을 입력했다. 그런데 사피엔스 역시 훈련에 의해 길들여진 산물이 아니었던가? 사피엔스의 특징인 자기 제어 능력 또한 학습된 것이라면? 처음에는 우스벡도 이러한 가정을 부정했다. 인간의 뇌를 우월한 수준의 뇌라고 생각하고 있었기 때문이다. 그리고 신이 동물의 지능을 인간의 지능으로 바꾸어 놓았다고 믿는 사피엔스가 많다는 것도 알고 있었지만, 그는 조금 더 세속적인 설명을 원했다.

별안간 모든 사물이 연결되는 순간의 경험, '깨달음'이 우스벡의 뇌리를 스쳤다. 아마도 우스벡의 기억에서 작동하고 있던 많은 네트워크가 동시에 활성화됐기 때문이리라. 그중 개인적 메커니즘과 관련된 네트워크와 사회적 메커니즘과 관련된 네트워크가 동시에 작동했다. 이 둘이 합쳐지면서 개인의 지능보다 더 우월한 지능인 사회적 지능, 공유 지능, 문화가 있음이 분명해졌다. 개인의 지능은 추상적이다. 타인과 상호작용을 하며 개발되기 때문이다.

우스벡은 인도에서 늑대에게 잡혀가 수년 동안 늑대들과 살았다는 아이들의 이야기를 떠올렸다. 러디어드 키플링Rudyard Kipling은 그들의 이야기를 소설 『정글북』으로 재탄생시켰다. 1920년 인도의 캘커타 지역에서 발견된 아말라와 카말라라는 두 여자아이가 그 아이들이다. 늑대 아이들의 뇌는 다른 아이들과 마찬가지로 학습에 최적화된 기계였지만, 아이들은 주변 환경, 그러니까 늑대들의 습성을 학습했다. 그들은 몸을 웅크린 채 함께 자고, 울부짖고, 물을 혀로 핥고, 개와 같이 먹어야 제대로 밥(특히 날고기)을 먹었다. 입혀준 옷을 물어뜯어 벗어 내고, 야행성을 보였으며, 야간 시력이 월등했으며 후각이 뛰어났다. 그리고 말하는 것과 똑바

로 서서 걷는 법을 배우기 힘들어했다. 그렇게 극단적인 경우는 아니더라도, 고립되어 자란 아이들의 지능은 제대로 발달하지 못한다.

여러 연구 결과들을 검토한 끝에 우스벡은 뇌-사회 체계가 마치 전기에너지 분배 시스템 같다고 생각했다. 중앙 발전기(문화)는 시민들에게에너지를 공급하고 시민은 자신의 능력에 따라, 그리고 자신의 계획에따라 공급받은 에너지를 사용한다. 어떤 이는 어둠을 밝히려고, 어떤 이는 엔진을 가동하려고, 또 어떤 이는 난방을 하려고 에너지를 소비한다.중앙 발전기에서 전해지는 에너지가 없다면 개인 활동도 없다. 그러나

개인 또한 에너지를 제대로 활용할 수 있는 메커니즘을 가지고 있어야
한다. 그리고 개인은 그 자체로 에너지원이 될 수 있다. 예컨대 전기 생산
용 태양 전지 패널을 가지고 있어 전기 그리드에 연결할 수 있다면 전기
에너지를 생산할 수 있는 것이다. 우스벡은 문화란 지식과 선례가 통행
하는 네트워크라고 생각하게 되었다.

우리는 무한대로 생산할 수 있는
도구를 가지고 있다

기억이 어떻게 기능하는지 연구해 보기로 한 우스벡은 어린아이들을 관찰하기 시작했다. 아이들은 학습에 천재적인 능력을 가지고 있다. 겉으로는 특별한 노력을 기울이지 않는 것처럼 보이지만 말하기라는 교육적 위업을 거뜬히 달성해 낸다. 반면에 우스벡은 매우 힘들게 인간의 언어를 배웠다. 인간의 언어는 매우 효율적이긴 하지만, 그 규칙이 엄격하진 않다는 점이 우스벡에게 걸림돌로 작용했다. 가령 스페인어 동사인 'caber('들어가다'라는 뜻)'의 과거 시제는 동사 변화 규칙에 따르면 'cabió'로 변화해야 하는데, 불규칙 변화 동사이므로 'cupo'로 변한다.

우스벡은 질문지에 이렇게 썼다. '인간은 왜 완벽한 언어를 만들지 않았을까? 그랬다면 오해나 모호한 해석, 실수 따위는 발생하지 않을 텐데… 물론 수학처럼 형식적으로 완벽한 언어도 있다. 자연 언어는 왜 수학처럼 완벽하게 만들지 않았을까?'

우스벡은 어린아이들이 말하는 법을 배울 때, 자신이 말하는 법을 배운다는 자각 없이 행동한다는 사실을 확인했다. 그저 자신의 욕망을 발회와 연결했을 뿐인데 말이 되다니! 아이들은 공을 던질 때 팔을 사용하는 법을 배우는 것처럼 말하는 법을 배운다. 던지기를 할 때 무슨 근육을 사용하는지 아이 자신은 모르지만, 그의 뇌는 알고 있다. 아이는 소리를 어떻게 내야 하는지 모르지만, 소리 내는 법을 배운 아이의 뇌는 알고 있다. 아이는 의사소통과 표현하고자 하는 욕망을 매우 일찍 개발한다. 갑자기 사물을 손가락으로 가리킨다. 우스벡이 보기에는 매우 흥미로운 행동이다. 얼마 뒤에는 개를 보며 단순히 손으로 가리키는데 그치지 않고 '멍멍'하고 소리를 낸다. 이때 아이는 자신이 개를 보고 있다는 사실을 엄마에게 알리려고 그러는 게 아니다. 의사소통하려는 의도가 소리를 내고자 하는 욕망으로 넘어간 것이다. 우는 것도 마찬가지다. 스스로 움직이고 싶은 욕망이 아이를 처음으로 걷게 하는 것도 그렇다. 그렇게 아이는 말하기 시작한다. 아이의 선조들이 백만 년이 넘는 시간에 걸쳐 발명해 낸 것을 불과 몇 년 만에 학습한다. 이런 놀라운 속도는 진화에서 매우 특별한 도약을 이끌었다. 언어에 관한 모든 것이 신비롭다. 전문가들에 따르면, 독일 아기들은 태어나는 순간부터 독일식 멜로디에 맞춰 울고, 프랑스 아기들은 프랑스 멜로디를 따라 운다[B. Mampe et al.,「Newborns' cry melody is shaped by their native language」, Current Biology, 19 [23], 2009, pp. 1994-1997]. 아이들은 문자 그대로 '무한대'로 발음하고, 무한한 문장을 이해할 수 있는 체계를 배운다. 언어의 가능성은 절대로 고갈되지 않는다.

무한한 문장을 말하는 능력이 진짜임을 증명하는 일은 복잡하지 않다. 그 무한한 변주에 대한 간단한 예를 들어보겠다.

오후에 비가 왔다.

나는 지금 막 '오후에 비가 왔다'고 썼다.

나는 '나는 지금 막 '오후에 비가 왔다'고 썼다'고 썼다.

나는 '나는 '나는 지금 막 '오후에 비가 왔다'고 썼다'고 썼다'고 썼다.

이런 식으로 끝없이 쓸 수 있다. 물론 매우 훌륭한 문장은 아니지만, 우리가 가진 언어 능력의 범위가 무한대라는 사실을 증명하기에는 충분하리라 생각한다.

트윗26.

당신은 자신이 무엇을 아는지 모른다
그건 나도 마찬가지

아이가 말하는 법을 배운다는 것은 아이의 생성 지능이 문장 만드는 법을 배운다는 뜻이다. 이는 목적을 달성하기 위해 '일련의 움직임'을 형성하는 것과 같다. 아이는 자신의 울음이나 움직임을 관리하는 것과 같은 활동 센터에 그러한 표현 능력을 접목한다. 먼저 "나 다쳤어"라고 말해야지'라고 생각한 뒤에 적합한 단어를 찾아 그 생각을 발화하는 게 아니다. 그 어떤 준비 단계도 없이 말을 한다. 우스벡의 기억에 저명한 심리학자인 윌리엄 제임스William James가 쓴 매우 흥미로운 글이 떠올랐다. "독자 여러분은 어떤 말을 하기 전에 말하는 의도가 어떤 유형의 심리적 행동인지 스스로 질문한 적이 한 번이라도 있는가? 단어들이 우리 마음에 떠오르면 앞서 생각했던 의도, 추측은 사라진다. 따라서 생

139

각을 대신할 단어들이 떠오르면 두 팔을 벌려 환영하며, 그것이 당신의 의도와 일치하면 받아들이고 일치하지 않으면 거부하면 될 것이다." 말이 입 밖으로 나오지 않고 '혀끝'에서 뱅뱅 맴돌 때 비슷한 현상이 일어난다. 무슨 말인지는 안다. 하고 싶은 말이 머릿속에 떠올랐으니까. 그런데 매우 이상하게도 말하고자 하는 바를 모두 다 알지는 못한다. 우스벡은 기억 속에서 관련 사례를 찾기 시작한다.

- 소설가 E.M. 포스터E.M. Forster의 작품 속 인물은 이렇게 말한다. "내 말이 아직 들리지 않았는데 내 생각이 무엇인지 내가 어떻게 알 수 있다는 말인가?"
- 막스 아웁Max Aub은 말했다. "글쓰기는 말하고자 하는 바를 발견해 가는 과정이다."
- 마르그리트 뒤라스Marguerite Duras는 농담 같은 말을 남겼다. "글쓰기는 무엇을 쓸지 알려고 시도하는 것이다."
- 후안 헬만Juan Gelman은 이렇게 말했다. "알면서 알지 못하는 것은 시의 특징이다. 시인은 자신이 쓴 것에 놀라고 자신이 쓴 것을 읽으면서 자신에게 무슨 일이 일어나고 있는지 비로소 알게 된다."
- 언어는 인간 지능의 가장 깊은 베틀에서 나온다. 후안 루이스 비베스Juan Luis Vives는 몇 세기 전 『수사학De ratione dicendi』에서 이와 유사한 맥락의 말을 한 바 있다. "언어는 영혼의 표현이다."
- 언어학자들은 언어의 생성 구조에 대해 논한다.

우스벡은 깊은 혼란에 빠진다. 언어는 타인과 소통하는 도구다. 언어에는 발화자와 수용자, 이 두 주인공이 있다. 우스벡이 이해하기 힘든 것은, 사피엔스는 끊임없이 혼잣말을 한다는 것이다. 예컨대, 자신에게 질문을 한다. 이치에 맞지 않는 행동이다. 페드로는 자신에게 묻는다. '나 어제 어디에 있었지?' 질문자가 누구인가? 페드로다. 누구에게 하는 질문인가? 이 역시 페드로다. 그렇다면 질문의 답을 아는 사람은 누구인가? 페드로다. 대답은 누구에게 하나? 페드로다. 겉으로 보기에는 불필요한 단어가 반복되는 것 같지만 실상은 그렇지 않다. 사피엔스가 스스로에게 질문을 하면서 자신의 기억을 관리하는 법을 배웠음을 나타내는 예시일 뿐이다. 우스벡은 한 아이가 어머니에게 하는 말을 듣고 그의 통찰력에 감탄했다. "엄마, 오늘 배운 내용 복습시켜 주세요. 제가 잘 알고 있는지 보게요." 말로 표현하기 전까지는 그의 기억이 학습되었는지 알 수 없다. 우스벡은 이렇게 쓴다.

 사물을 이중화하려는 인간의 욕망은 그 자신에게도 적용된다. 질문하는 페드로가 있고 그 질문의 답을 알고 있는 페드로가 있다.

우스벡의 기억이 움직이기 시작했다. 몇 가지 사례를 제시한다.

- 고대 그리스인들은 정반대의 두 욕망 사이에서 '양분된 사람'이라는 뜻의 'Aner dipsijós'를 논하곤 했다.
- 기괴한 새로운 힘이 나를 잡아끈다. 욕망과 이성은 다른 방향으로 나를 내친다. 나는 옳은 길을 보며 그것에 동의하지만, 옳지 않은 길을 걷는다(오비디우스Ovidius, 『변신이야기』, 제7권).

- 자신의 생각이나 느낌, 계획 등을 평가하는 내면의 나인 '양심의 목소리'와 칸트가 말했듯이 자신의 내면에서 기이한 재판소로 변해 버리는 또 다른 내면의 나에 관한 이야기는 모든 시대에 있었다.
- 지그문트 프로이트는 주제의 구조를 세 단계로 나누어 이 현상을 설명했다. 즉 이드(무의식), 초자아(사회적 영향), 에고(이드와 초자아 사이에서 조정하는 역할)이다.
- 플라톤은 인간의 영혼을 빠른 말(열정)이 끌고 활기 넘치는 마부(이성)가 조정하는 마차에 비교했다.

우스벡의 기억이 제공한 사례들은 그의 이중 지능 이론에 더 큰 힘을 실어주었다.

죽은 게 아닌 이상
고립된 개인은 존재하지 않는다

　　인간 지능 모델의 윤곽이 서서히 드러난다. 사회는 사피엔스의 뇌에 필요한 애플리케이션을 설치하여 사피엔스를 길들였다. 인간종은 자기 자신을 길들였으며, 그 메커니즘의 하나는 자기 제어 체계를 개별적으로 확립하는 것이었다. 러시아의 유전학자 드미트리 벨라예프 Dmitri Beliáyev는 1959년에 시베리아에서 여우를 길들이는 프로그램에 착수했다. 기준은 단 하나였다. 대담하되 공격적이지 않은 행동으로 그가 뻗은 손에 가장 가까이 닿는 어린 여우를 선택하는 것이었다. 몇 년이 지나자 선택 과정에서 여우들이 달라진 모습을 보였다. 마치 길들여진 개

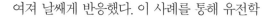

처럼 달라진 것이었다. 여우들은 인간의 몸짓에 길들여져 날쌔게 반응했다. 이 사례를 통해 유전학자들은 유전적 변화라는 것이 몇 세대에 걸쳐서야 비로소 나타나는 현상이 아니라는 사실에 흥분했다. 반면 인간은 빠른 학습 능력과 자기 제어, 이타심 등의 경쟁력 있는 장점들을 살려 자기 도태를 벗어났을 가능성이 매우 크다. 나는 우스벡의 말이 맞는지 직접 확인해 보고 싶었다. 그리고 그의 말이 현대 인류학의 아버지라 불리는 프란츠 보아스Franz Boas의 논문에서 여실히 증명되었음을 확인했다. 하버드대학교 인류학과 교수 리처드 랭엄Richard Wrangham은 인간 또한 자신의 생물학적 특성을 변형시키는 길들임의 과정을 겪었지만, 그것은 같은 종인 인간들 사이에서 일어난 일이었다고 주장한다. 진화심리학자인 마이클 토마셀로Michael Tomasello의 의견도 이와 같다. 토마셀로는, 우리 진화 역사의 어느 시점에서 인간에게 일종의 자기 제어라는 사건이 발생했으며, 집단은 매우 공격적이고 독점적인 개인들을 제거했다고 말한다. 감정적이고 동기 부여적 관점을 감안한다면, 인간 진화의 초기 단계에 그런 일이 발생했을 수도 있다는 것이다. 그리하여 인간은 위대한 유인원에서 멀어지고 협력 활동에 유용하고 공유된 의도에 도움이 되는, 복잡하고 실용적인 기술을 개발할 수 있는 새로운 적응 공간으로 내던져졌다. 이것이 인간의 진화를 가속화시켰을 거라고 말한다. 베르나르 빅토리Bernard Victorri는 네안데르탈인이 역사에서 사라진 사건(지금 내가 말하고자 하는)에 관해 의견을 밝힌 적이 있다. 네안데르탈인은 본능에 따른 자연발생적 폭력성이 통제되지 않고, 문화적 통제 메커니즘이 아직 충분히 발달하지 않았던 진화의 결정적인 순간에 살았기 때문에 자멸했을 거라는 것이다.

지능은 생각을 생산하고 감정을 만들어 낸다

지능만큼이나 정서면에서도 강력한 진화가 있었을 거라
고 우스벡은 생각한다. 사회적 동물인 사피엔스는 소규모 집단 내에서
상호작용을 할 줄 알았다. 그 소규모 집단을 깨뜨리고 더 큰 집단과 협력
하는 능력은 인류의 위대한 상징적 창조 중 하나이다. 우스벡은 수수께
끼 같은 글로 이러한 특성에 대한 염려를 드러냈다.

인간 지능은 두 갈래로 진화했다. 하나는 지식이고, 다른 하나는 감
정이다. 인지는 상징, 지식, 기술, 과학, 인공지능 등을 통과해 우리를
이끈다. 감정은 협력, 경쟁, 선함, 악함, 규정, 행복 등을 통과해 인간
을 이끌었다.

어쩌면 인간은 더 똑똑했을지도 모른다.

우스벡의 기억에 이성과 마음에 관한 토머스 제퍼슨Thomas Jefferson의 논고가 떠오른다.

 자연이 우리에게 같은 방을 배정했을 때, 그곳에는 분열된 제국이 있었지. 너에게는 과학의 제국을, 나에게는 도덕의 제국을 주셨지. 원을 그리는 문제나 혜성의 궤도를 추적하는 문제, 또 가장 튼튼한 아치를 세우는 문제나 저항력이 가장 작은 고체 물질을 알아내는 문제, 이런 것들은 너의 몫이야. 자연은 내게 그런 문제를 해결할 지식은 주지 않았으니까. 그러나 공감, 자비심, 고마움, 정의, 사랑, 우정과 같은 문제에 대해서는 너에게 통제권을 주지 않았어. 그런 문제들은 마음이 알아서 할 일이지. 도덕은 인간의 행복에 너무나 필수적인 문제야. 머리의 불확실한 짜맞추기식 논리에 맡길 수 없지. 그러니 자연은 과학이 아니라 감정을 도덕의 기반으로 삼은 거라네.

[토머스 제퍼슨, 『마리아 코스웨이에게 쓰는 편지 1786』, Penguin, 뉴욕, 1975.]

뒤이어 떠오른 것은 칸트가 쓴 글이다. 교육의 기능과 관련하여 지식과 기술을 전달하는 것 말고도 각 개인이 자기 제어 시스템을 갖출 수 있도록 도왔다고 주장하는 내용이다.

 칸트는 이렇게 썼다. '훈육은 동물성을 인간성으로 전환한다. 동물은 본능이 전부다. 동물에게 본능은 모든 것을 설명하는 기묘한 이유다. 그렇지만 인간은 자기만의 이유가 필요하다. 본능은 이유가 되지 않는다. 스스로 자기 행동 계획을 세워야 한다. 그러나 당장 그렇게 할 재량이 없고 무지한 채로 세상에 왔으므로, 다른 사람들이 그 역할을 대신해야만 한다. 훈육은, 인간이 동물적 충동으로 자신의 운명을 인간성으로부터 분리하는 일이 없도록 예방한다. 다시 말해, 인간이 넋을 잃고 위험에 빠지는 불행을 겪지 않도록 붙들어 준다. 그러니 훈육은 순진히 부정적인 것, 즉 사람에게서 동물성을 없애는 행위다. 그와 반대로 교육은 긍정적인 부분이라 할 수 있다.'

내가 놀란 점은, 우리보다 기술적으로 우월하고 인지적으로 더 강력한 문명에서 온 손님이 감정(우리가 늘 신뢰할 수 없다는 이유로 이성과 대치시켰던)이야말로 지능이 가장 내밀한 행동을 펼칠 수 있도록 장을 열어 주는 것이며, 지능은 도덕적 규범이 그렇듯 조금 덜 창조적인 무언가로 구체화되는 것이라고 생각한다는 점이었다.

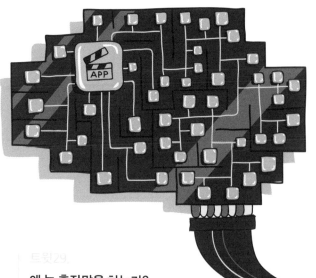

왜 늘 혼잣말을 하는가?

우스벡의 기억은 빅데이터 기술을 꽤 잘 운영하고 있다. 이
질적인 정보의 홍수 속에서 패턴과 관계를 파악해 내는 것이 그 증거다.
예컨대 '말하다'와 '자기 제어'를 관계 짓자, 다양한 연관 정보가 나타난다.

- 내 언어는 주체가 자기 자신과 관계를 맺는 방법이며 자기에게
  명령을 내리는 방법이다(레프 비고츠키Lev Vygotsky, 알렉산더 루리아
  Alexander Luria).
- 모든 자발적인 계획에는 언어학적인 공식이 있다(밀러Miller, 프리
  브램Pribram, 갈란터Galanter).
- 언어의 반구는 의식의 반구다(마이클 가자니가Michael Gazzaniga).
- 마리 외르탱Marie Heurtin은 신호를 다룰 수 있을 때 비로소 자기 행
  동을 조절하는 법을 배웠다.

나는 마지막 정보에 초점을 맞추고자 한다. 마리 외르탱은 듣지도, 말하지도, 보지도 못하는 장애아였다. 게다가 부모님은 통제되지 않는 분노로 고통받는 정신착란자였다. 마리는 한 수녀원에 보내졌다. 그곳에서 만난 마가렛 수녀는 마리에게 수화를 가르치려고 했다. 그렇지만 마리는 수화가 뭔지 이해조차 하지 못했다. 마리는 자개로 장식된 작은 칼을 늘 지니고 다녔다. 어느 날 마가렛 수녀가 그 칼을 빼앗자, 마리는 무섭게 화를 내며 공격성을 드러냈다. 마가렛 수녀는 마리가 손으로 그 칼을 표현하면 칼을 돌려받을 수 있다는 걸 이해시키는 게 관건이라고 생각했다. 여러 차례 시도한 끝에, 마리는 결국 수녀의 의도를 이해했다. 손으로 신호를 보내면, 물건을 돌려받을 수 있다는 것을. 재밌는 것은 그 사건 이후로 마리가 매우 빠르게 수화를 배웠다는 사실이다. 그리고 그보다 더 놀라운 사실은, 수화뿐만 아니라 자신의 행동을 통제하는 법까지 배웠다는 것이다.

인간 지능 모델은 이제 분명해졌다. 즉 인간의 뇌는 얼핏 떠오르는 생각을 만들어 내는 멋진 기계 장치가 되었다. 이는 뇌가 문화라는 배경 속에서 다른 모든 것을 제어하는 상위 수준의 지능인 관리 지능을 포함한 수많은 '애플리케이션'을 학습이라는 도구를 이용하여 설치하는 것이 가능해졌기 때문이다.

마인드맵 4

새로운 진화력

사피엔스 = 생물 + 기억

사피엔스는 진화 과정에서 자연선택으로 일어난 일련의 유전자 돌연변이를 겪는다.

그런데 인간은 말하는 법과 자기 자신을 길들이는 법을 가르치는 다른 진화적 요인, 즉 학습을 경험한다.

처음부터 다시 시작할 필요 없이 지식을 전달할 수 있는 기본적인 발명이 하나 더 있다.

바로 학교다.

모든 동물은 학습 능력을 가지고 있다. 그런데 사피엔스는 6살이 되면 1만 3000개의 단어를 학습한다.

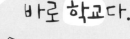

학습의 기본은 기억에 있다. 기억은 경험에 따라 변화하는 능력이다.

특별한 노력 없이, 그리고 특별한 방법도 모른 채 배운다. 선조들이 100만 년 넘게 걸려 배운 것들을 단 몇 년 만에 학습한다.

이는 자기 자신에게 질문하는 방식으로 기억을 관리하는 법을 배웠기에 가능했다.

자신과 소통하기 위하여 자기 자신에게 질문하는 방식에서 특이한 점을 발견할 수 있다. 사피엔스는 자신에게 말을 한다는 것이다.

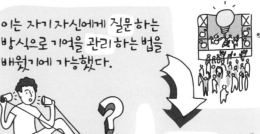

생성 지능은 문득 떠오른 생각의 출처에 문장을 형성하는 능력을 접목했다.

감정의 지능 } 행복, 협동, 선함, 경쟁, 규범

인간의 지능은 두 갈래로 진화했다.

지식의 지능 - 과학 - 기술 - 인공지능

이것이 인간 지능의 모델이다. 얼핏 떠오르는 생각을 만들어 내는 멋진 기계 장치인 지능은 문화를 통해 애플리케이션을 설치할 수 있게 되었다.

여기에 상위 수준의 지능, 즉 **관리 지능**을 더한다.

인간의 진화는 감정과 협동 능력을 향상한 자기 도태를 가속화시켰을 것이다.

APP

인간 좋은 뇌에 필요한 애플리케이션을 입력해 자기 자신을 훈련시켰다. 이 과정을 통해 인간의 생물학적 조건이 수정되었다.

어떻게 사피엔스는 의식적으로 자신의 뇌를 제어할 수 있지?

이 또한 학습된 건가?

Cultura

뇌는 다른 사람들과 **상호작용**을 하며 **개발**되기 때문에 개인의 지능은 하나의 축약본이라 할 수 있다.

인간 개인보다 우월한 지능이 존재한다는 결론에 이르렀다.

바로 **사회적 지능**이다. **문화**라고 부르기도 한다.

5

공진화

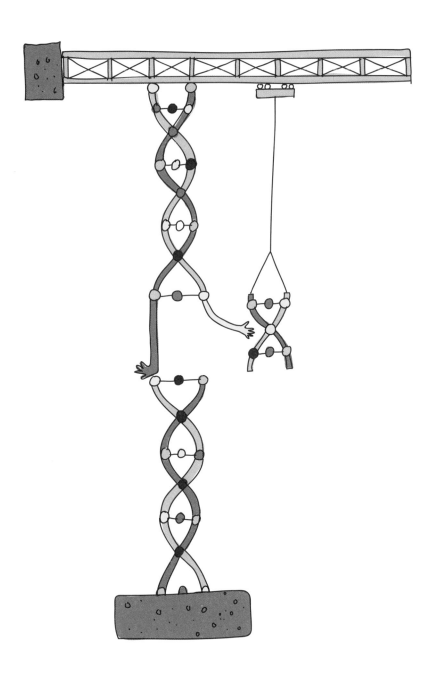

자유로워지고 싶다면 주변을 재구성하라

이제 역사의 진짜 주인공이 밝혀졌다. 바로 사피엔스와 문화다. 문화는 사회적 지능이 만들어 낸 작품이다. 사피엔스와 문화는 하나의 루프처럼 상호작용할 것이다. 진보를 향해 내딛는 개인의 발자취는 사회에 반영되고, 사회의 진보 또한 개인에게 반영될 것이다. 이것은 상호 관계의 창조이며 하나의 연통관 시스템으로 구성되어 있다. 이러한 관계 때문에 역사가 인간의 마음에 자리 잡게 되는 것이라고 우스벡은 생각한다. 역사가 인간의 마음에 들어오는 순간부터 심리적인 진화와 문화적인 진화가 같은 길을 가게 될 거라 생각하니 우스벡의 탐험가 정신이 또 발동하기 시작했다. 공진화는 유전적인 제약을 가진 인간의 행동이 문화적 창조물을 생산하고 유전자 발현에 영향을 미치는 과정이다.

그렇다고 사피엔스와 문화가 지금까지 진화하면서 공존하지 않았다는 건 아니다. 그 둘은 상호작용해 왔다. 사피엔스의 뇌 크기가 커지면서 그들의 문화가 더 복잡해졌다는 것이 아니라, 하나의 상승 나선이 만들어졌다는 뜻이다. 뇌의 크기가 커지면서 더 많은 애플리케이션을 가진 문화가 생성되었다. 애플리케이션은 뇌에 이식되었으며, 앞으로 더 많은 애플리케이션이 만들어질 것이므로 뇌의 효율성은 증가하게 될 것이다. 자연과 문화는 인간이라는 융단을 짜낸 씨실과 날실이다.

 우리의 성인 조상은 유전적으로 유당에 내성이 없었다. 그래서 우유를 마실 수 없었지만, 목장이 많이 생겨나면서 풍부하고 안전한 영양소를 섭취할 수 있는 돌연변이가 발생했다. 언어가 좋은 예다. 아기들은 말하는 법을 배울 준비를 한 채 태어난다. 그러나 사실 그들은 말하는 능력이 없는 유전자를 가진 종의 자손이다. 인간의 뇌가 수천 년에 걸쳐 언어적으로 '프로그래밍' 되었기에 말할 수 있게 된 것이다. 맥락이 없는 추상적인 사고 역시 역사적 창조물이다. 개인의 자기 제어 체계는 문화적으로 자기 훈련의 과정을 거쳐 자유와 개인의 자율성이라는 개념을 증진했다.

우스벡의 기억은 미국의 흥미로운 철학자 대니얼 데닛Daniel Dennett이 『자유는 진화한다』에서 피력한 주장을 찾아냈다. 노버트 엘리아스Norbert Elias의 흔적을 쫓았던 스티븐 핑커Steven Pinker도 인류가 수천 년에 걸쳐 덜 폭력적인 존재가 되었음을 천 페이지가 넘는 지면을 할애해 증명했다. 우스벡의 기억이 단 몇 초 만에 그 엄청난 부피의 책을 읽어 낼 수 있다는 것은 분명 우스벡에게 유리한 점이다.

공진화는 우리 인간 지능이 전개 및 자동 구축한 역사다. 동물행동학자라면 문화를 인류의 '핵심 틈새Vital niche'라고 부를 것이다('핵심 틈새'란 인류의 진화에 있어서 설명할 수 없는 결정적인 부분을 일컫는다.-역주). 따라서 그들은 사람에 의해 만들어진 이 틈새가 유전적 가능성을 선택 및 촉진함으로써 유전적 진화를 연장하고 있다고 말할 것이다. 인간이 자신의 주변 환경을 먼저 변화시켜 스스로 변화한다는 것은 이상하지만, 우리는 끊임없이 비슷한 일을 하고 있다. 예컨대, 다이어트를 할 때 우리는 먼저 냉장고를 비운다. 그렇게 유혹을 일으키는 환경을 제거하는 것이다. 마찬가지로 『오디세이』에는 인어의 노래에 유혹되지 않으려고 돛대에 자신을 묶는 율리시스의 이야기가 나온다. 자유롭게 하는 행동을 저지하는 어떤 절차를 사용하여 자발적으로 행동하는 방식을 억제하는 것이다.

 우스벡의 기억은 지금 우리가 다루고 있는 주제와는 매우 거리가 먼 — 적어도 내가 보기에는 — 정보를 제시한다.

- 농축된 환경에 세 시간 동안 생쥐를 배치하면 60개 이상의 상이한 유전자, DNA 복제를 증가시키고 시냅스 성장을 유도하며 세포 사멸을 감소시키는 유전자의 발현이 증가한다.
- 아프리카에 사는 나비의 일종인 비치클루스 아니나나Bicyclus anynana는 우기에 태어나면 다양한 색깔을 띠고, 건기에 태어나면 회색을 띤다.
- 세동가리혹돔Semicossyphus pulcher의 성은 지배적인 수컷이 있느냐 없느냐에 따라 결정된다. 다시 말해, 지배적인 수컷이 있으면 여성으로 성장한다.
- 시클리드 물고기에 관한 연구에 따르면 사회적 지위의 변화(하위 계급에서 지배 계급으로)는 적어도 55개의 다른 유전자 발현 수준에서 발생하는 변화와 관련이 있다.
- 스키너Skinner와의 링크를 활성화하라.

이런 정보들을 사피엔스에게도 적용할 수 있는지, 아니면 스키너에 대한 알 수 없는 언급을 포함하여 혹시 우스벡의 기억에서 툭 튀어나온 빈정거림 같은 것은 아닌지 나는 잘 모르겠다. 한 가지 확실한 건, 모두 주변 환경이 유전자 발현에 미치는 영향을 강조한다는 사실이다. 만약 내가 농축된 환경을 조성한다면, 즉 건조한 환경을 조성하고, 지배적인 수컷을 제거하며, 사회적 지위를 상승시킨다면, 최소한 생쥐와 나비, 물고기에게 유전적 변화를 일으킬 수 있을 것이다. 역시 거리가 멀다 해도 정보가 아예 없는 것보다는 나은 것인가.

 이미 이 연구가 진행될 것을 예상한 것처럼 우스벡의 기억은 인간의 진화가 항상 불안정한 양상을 띠므로 인간들이 경계하며 살아야 한다고 충고한다. 신경학자 노먼 도이지N. Doidge는 이런 글을 남긴 바 있다. '문명은 채집·수렵 생활자의 뇌가 자기 자신을 재구성하는 법을 배우는 일련의 기술이다. 이처럼 '높고 낮은' 뇌 기능 사이에 존재하는 불안한 균형은 인간의 가장 잔인하고 원시적인 본능이 드러나고 절도, 폭력, 살인이 일상이 되는 살상 전쟁이 발생하면 깨지기 마련이다. 뇌는 유연하기에 결합된 기능이 언제든지 다시 분리되도록 만들 수 있고, 야만주의로의 회귀도 언제든지 가능하다. 또한 문명은 언제나 연약하고 취약한 것이어서, 각 세대는 마치 새로운 어떤 것을 대하듯 그것을 배워야 한다.' [노먼 도이지, 『기적을 부르는 뇌』, 지호, 2008]

분명한 것은, 지능은 행동의 가능성을 변화시킴으로써 진화될 수 있으며 이러한 가능성을 대부분 환경이 제공한다는 것이다. 인간은 공통의 생물학적 바탕을 기반으로 각각의 역사적 상황에 걸맞게 상이한 가능성을 개발한다. 서로 다른 것을 욕망하고, 매우 거리가 먼 기대를 품는다. '가능성'이라는 마술적 용어가 다시 출현한다. 매 상황, 매 역사적 순간은 인간 주체에게 새로운 가능성을 제공하지만 다른 가능성의 문을 닫아버리기도 한다.

 우스벡은 노트에 기록한다. '지금 이 시대의 사피엔스는 강력한 인공지능 시스템이 제공한 무한한 가능성을 누리고 있다. 자신에게 열린 가능성과 닫힌 가능성을 이들은 구분할 수 있을까?'

트윗31.

나폴레옹은 책 한 권을
왜 그토록 열심히 읽었을까?

우스벡은 생각한다. 사피엔스의 진화는 그들의 인지 능력과 정서 능력을 발달시킨다. 우스벡의 관심을 끄는 부분도 바로 그 능력이다. 지금 생각해 보니 너무도 당연하다. 우스벡은 우리 인간이라는 종의 비밀이 행동에 앞서 일어나는 욕망과 감정의 기저에 있다고 생각하니 말이다. 인지 체계는 이미 그의 전문 분야다. 그리고 많은 연구를 통해 감정 분야에서도 전문가가 되었다. 욕망의 기원은 두 가지다. 하나는 필요에 대한 자각이고, 다른 하나는 포상에 대한 기대다. 이는 앞서 언급한 스키너의 사례를 설명한다. 스키너는 환경이 주체를 조각한다고 주장했다. 내가 환경을 바꾸면 내가 주체를 바꾸는 것이 된다는 말이다. 그리고 환경은 근본적으로 상과 벌의 집합이라고 주장했다. 칭찬받은 행동은 반복되고, 벌 받은 행동은 억제되는 경향이 있는 것이다.

우스벡은 두 가지 사피엔스의 반응 중 포상에 대해 엄청난 흥미를 느꼈다. 나폴레옹도 그랬던 것 같다. 나폴레옹의 비서에 따르면, 나폴레옹은 자신이 줄 수 있는 포상을 설명해 놓은 책 한 권을 읽는 데 무척 많은 시간을 할애하곤 했다. 우스벡의 노트를 검토하면서 나는 우스벡의 생각을 재구성해 본다. 욕망은 포상을 바라며, 포상 간의 차이는 구체적으로 다른 욕망을 일으킬 수 있다. 성적인 욕망을 예로 들어보자. 인간들 사이에서 짝짓기에 수반되는 본능은 동성애, 물신숭배, 가학 피학성 변태 성욕 등 여러 방향 또는 활동으로 다각화되었다. 포상은 다양하다. 그러나 지능의 상징화된 행동에 따라 수정되거나 확장된 기본 욕망 한 가지를 언급한다. 우스벡은 이 확장된 욕망에 호기심을 느낀다. 사피엔스는 사치스러운 존재다. 즉, 필요한 것에 만족하는 법이 없고 늘 필요 이상의 것을 갈구한다. 그 때문에 행복의 역사는 사피엔스가 느낀 필요의 역사였으며 그들이 포상으로 간주한 것들의 역사다. 루이 14세 시절 궁중에서 왕을 보필하던 궁인들에게 가장 큰 상은 왕을 깨우는 왕의 아침 인견lever du roi 의식에 참석하는 것이었다. 오직 선택된 자들만이 왕의 의복을 담당하는 궁인들이 입힌 옷을 걸치고 있는 왕의 모습을 목격할 특권을 누렸다. 그러한 명예를 박탈당한 궁인은 우울증에 시달리거나 심하면 죽음을 맞이하기도 했다.

 우스벡은 흥미로운 증거를 찾아냈다. '인간의 필요에서 비롯된 욕망은 유한하다. 그러나 인간의 지능에서 비롯된 욕망은 무한하다. 그러므로 완전히 만족할 수는 없다.

- 토마스 아퀴나스

우스벡은 혹시 모든 사피엔스가 공통으로 생각한 부분이 있는지 확인하기 위해 욕망의 역사를 재빨리 훑었다. 두 가지 기본 욕망은 고통을 피하는 것과 즐거움을 찾는 것이었다. 즐거움에 대한 욕망은 크게 세 가지로 분류된다. 육체적 쾌락과 사회적 관계에서 발생하는 즐거움, 그리고 자신이 가진 가능성이 커질 때 느끼는 희열. 이 세 가지 즐거움은 다시 가지를 쳐 거대한 욕망의 나무를 탄생시킨다.

나는 내가 무엇을 느끼는지,
그리고 왜 그렇게 느끼는지 알지 못한다

　　우스벡은 기본 감정이란 게 있는지 전문가들에게 의견을 구했다. 전문가들은 가장 가까운 동종 동물들과 공유하는 감정이 바로 그것일 거라는 답을 전했다. 영장류도 고통과 즐거움이라는 기본 감정을 느끼고, 감정에 따라 도망가거나 다가가는 행동을 취한다. 그뿐인가. 두려움, 분노, 불쾌함, 애착, 호기심, 놀람 등의 감정도 표현한다. 각각의 문화는 감정의 다양성을 만들어 냈다. 어떤 경우는 매우 놀랍다. 뉴기니 섬의 탕구족은 규칙을 바꾸지 않으면 축구를 하지 않겠다고 거부했다. 탕구족은 승자와 패자를 구분하는 경기 규칙을 거부했다. 그들에게 중요한 것은 양 팀이 같은 점수를 내는 것이었고, 그런 목표를 달성하기 전에는 경기가 끝나지 않았다.

우스벡의 기억이 찾아낸 관련 증거는 실로 어마어마한 양이다. 아마에 Amae라는 단어는 일본인의 정서를 나타내는 말 중 하나다. 도이 다케오Doi Takeo라는 일본 정신의학자는 아마에가 일본인의 성격 구조를 이해하는 열쇠라고 보았다. 아마에는 아마에루Amaeru라는 자동사에서 파생한 명사다. 아마에루는 '타인의 자비심에 의지하고, 혼자라고 느껴 누군가로부터 사랑받길 원한다'는 뜻이다. 이 감정의 전형적인 모델은 아이와 엄마의 관계. 도이 다케오에 따르면 일본 문화는 사회적 조화를 이루기 위해 이 감정을 일반화했다. 타케오 무라에Takeo Murae라는 한 일본 전문가는 이렇게 말했다. "서양과는 반대로 일본인들은 아이에게 독립성이나 주도성을 강조하지 않는다. 일본인들은 사회적 관계를 지향하는 상호의존적 문화에서 교육을 받는다. 서구의 자아는 개인주의적이다. 자주적이며 자신만만하고, 강하고, 경쟁적이며 공격적인 성향을 키운다. 서구의 자아가 선호하는 관계는 계약적이며, 아마에 문화가 선호하는 관계는 무조건적이다." 이러한 절대적으로 의존적인 태도, 예컨대 왕에 대한 이러한 태도 때문에 일본인들은 맹목적으로 제2차 세계대전을 시작했다.

또 다른 사례로 에스키모인들은 절대 화를 내지 않는다는 속설이 꽤 오랫동안 와전되었다. 성인과 달리 아기들은 다른 사람들과 마찬가지로 화를 낸다는 사실이 밝혀졌지만, 협력이 필수적인 삶의 형태에서 대립을 피해야 한다는 압력 때문에 성인들은 자신의 감정을 있는 그대로 드러내지 않았다. 자바섬에 사는 자바인들은 꾸밈없이 말한다. "인간이 된다는 것은 자바인이 되는 것이다." 자신만의 삶의 방식을 구축했다는 뜻이리라. 어린아이나 미친 사람, 혹은 부도덕한 사람은 '아직 자바인이 아닌' 'Adurung'으로 간주된다. 매우 세련된 태도로 예의범절 체계를 존중할 줄 알며 음악과 춤, 연극, 직물 디자인에 깊은 미적 감각이 있으며, 신성의 미묘한 목소리에 귀를 기울이고 훌륭한 교육을 받은 느낌을 주는 성인은 'Sampundjawa', 즉 '이제 자바인'으로 인정받는다.

 우스벡은 노트에 매우 큰 글자로(그에게는 매우 중요한 주제라는 의미로) 이렇게 썼다.

'비치클루스 아니나나 나비가 주변 환경에 따라 다양한 색깔을 띠기도 하고 회색을 띠기도 하는 것처럼 사피엔스의 감정도 문화 환경에 따라 사회적일 수도, 자기중심적일 수도 있다.'

우스벡은 마치 자기만 아는 장소로 나를 데려가고 싶어 하는 것 같다. 내가 모르는 어떤 이유로 그가 정보를 왜곡하고 있는 건 아닌지 나는 다시 확인해 보았다. 그러던 중 내가 무척이나 존경하는 인류학자 클리포드 기어츠Clifford Geertz로부터 다음과 같은 증거를 찾아냈다.

 '사람을 한정되고, 다소 통합적이며, 동기 유발적이고, 인지적이며 유일한 하나의 우주로 보는 서구의 개념은, 그것이 우리에게 자명한 진리처럼 보일지라도 세계 문화의 맥락에서 고려하면 상당히 특이한 사고다.'

우스벡의 기억은 더 혼란스러운 자료를 내놓는다. 일부 학자들은 서구의 심리학이 편향되어 있다고 비판한다. 그들이 진행하는 실험이나 자료들이 서양의, 교육을 받은, 산업화한, 부유한, 민주주의 문화에 속한 사람이라는 매우 작은 부분 집합에 속한 사람들을 대상으로 하기 때문이다. (각각 형용사들의 앞글자를) 줄여 영어로 표현하면 'WEIRD('기이한' '기괴한'이라는 뜻)'라고 쓸 수 있다. 학자들은 수많은 연구를 검토한 결과, 사피엔스가 'WEIRD'할수록, 관계의 세계가 아닌 분리된 객체의 세계를 볼 가능성이 더 크다는 결론을 내렸다 [I. Heinrich et al., 「The Weirdest People in the World?」, Behavioral and Brain Sciences, 33, 2010, pp. 61–83].

'WEIRD'한 사상가들은 칸트나 스튜어트 밀과 같은 개인주의적 도덕성의 경향을 보이고, 다른 사상가들은 공자가 제안한 도덕성에 더 유사한 경향을 보인다.

마음에도 역사가 있다

　　우스벡은 욕망과 감정이 사상 및 신념과 서로 영향을 주고
받으면서 인류의 역사에서 어떻게 진화해 왔는지를 연구하기로 한다. 예
를 들면, 두려움은 보편적인 감정이지만 각각의 문화에서 그것을 표현하
는 방식은 서로 다르다. 유럽의 중세는 공포의 시대였다. 질병, 악마, 죽
음, 영혼, 판결 등 모든 것이 두려움의 대상이었다.

　본격적인 연구를 시작하기 전에 우스벡은 매우 강력한 욕망 한 가지
를 먼저 파헤쳐 보고 싶어졌다. 행동의 가능성을 확장하고자 하는 열망
이 바로 그것이다. 권력에 대한 열정, 한계를 뛰어넘고자 하는 열망, 자연
을 정복하고자 혹은 타인을 지배하고자 하는 사피엔스의 욕망……. 우

스벡에게는 너무나도 인간적인 욕망이다. 권력에 대한 열망은 다른 많은 욕망과 마찬가지로 설명하기 힘든 무엇이다. 그런 욕망을 느끼는 사람에게는 그 자체가 즐거움이다. 그 자신이 그러한 욕망에 대해 자문한다는 것은 누군가에게 "당신은 왜 즐거움을 좋아합니까?"라고 묻는 것과 다를 바 없다. 우스벡의 기억은 그러한 욕망이 인간의 역사를 이끈 강력한 원동력 중 하나였다는 답을 찾아냈다. 창조성, 야망, 고행, 과학 탐구, 지배욕, 정치, 경제, 종교 등은 모두 자신의 가능성을 확장하려는 열망에 따른 현상들이다. 그것은 매우 확장적인 욕망으로, 절대 채워지지 않는다. 고대 그리스 철학자인 플루타르코스Plutarchos는 피로스Pyrros 장군에 관한 일화를 남겼다. 어느 날 피로스 장군은 정복 계획을 짜고 있었다. "먼저 그리스를 정복하자." 피로스가 말했다. "그런 다음에는요?" 부하인 시네아스Cineas가 물었다. "아시아로 가서 소아시아, 아라비아를 칠 것이다." "그런 다음에는요?" "인도로 가자." "인도를 정복한 다음에는요?" "아! 그만 쉬련다." 피로스가 대답하자 시네아스가 물었다. "그렇다면 왜 지금 쉬지 않으십니까?"

그로부터 2,500년이 지난 지금, 경영학 수업 시간에 참여하면 이런 일화를 들을 수 있다. 훌리안은 카리브해의 작은 마을에 사는 행복한 어부였다. 그는 가재 떼가 모여 있는 장소를 누구보다 잘 찾아내는 솜씨 좋은 어부였다. 훌리안은 매일 아침 바다로 나가 가재 몇 마리를 잡고선 시장에 내다 팔았다. 그런 뒤 집으로 돌아가 아이들과 놀다가 볕이 드는 자리에 앉아 쉬거나 기타를 치기도 했다. 저녁이 되면 친구들과 만나 농담을 주고받거나 카드 게임을 즐겼다. 어느 날 마을에 경영 전문가라는 사람이 찾아왔다. 훌리안의 기술을 알고 찾아온 그는 훌리안에게 사업 제안을 했다. "당신은 가재를 지금 보다 더 많이 잡아서 대출을 받은 뒤 배를 몇 척 더 사시오. 잡은 가재를 마이애미에 가져다 팔면 큰돈을 벌 수 있을 거요. 가재 시장도 세울 수 있을 거요. 그렇게 돈을 벌어 가재가 있는 곳이면 어디든 배를 보내 잡아 옵시다. 회사가 커지면 주식거래소에 상장 기업으로 만들고 당신은 부자가 되는 거요!" 훌리안은 그의 말을 가만히 듣고 있다가 물었다. "그런 다음에는 뭘 하죠?" 전문가가 말했다. "당신이 원하는 건 뭐든 할 수 있지. 여기서 살면서 잠시 바다에 나가 낚시나 하고, 또 식구들과 즐거운 시간을 보내다가 친구들과도 즐기고……." "그런 거라면 지금도 충분하다오, 친구."

우스벡은 이 두 가지 사례에 흥미를 보였다. 피로스 장군과 경영 전문가는 인간의 커다란 욕망을 대변했다. 가능성을 확장하려는 욕망, 자신의 능력을 깨닫는 것, '나'를 확장하는 것. 많은 사람에게 그것은 그 자체로 가치가 있으며, 행복에 관한 가장 명확한 콘텐츠다. 우스벡은 20세기의 유명한 경제학자 앨런 그린스펀Alan Greenspan의 말을 기억한다. 그린스펀은 현대 경제를 '비이성적 과열'이라는 말로 표현했다. 우스벡은 이것이 모든 인간 활동에 적용할 수 있는 표현이라 생각했다.

동물은 쉬운 길을,
사피엔스는 어려운 길을 찾는다

권력에 대한 열망은 집단 생활을 하는 동물의 계층 구조에 그 선례가 남아 있을지도 모른다. 알파 수컷은 자신의 특권을 누린다. 사피엔스의 계층 구조는 그보다 더 확장적이고 정교하다. 요가 수행자는 몇 년을 희생해야만 영적 자유에 이를 수 있다. 육상 선수는 기록을 깨려고 쉬지 않고 훈련한다. 우리의 먼 조상들은 간혹 터무니없어 보이는 계획을 꾸미곤 했다. 터키에서 발견된 화려한 조각으로 장식된 기념비적인 기둥을 보자. 돌기둥은 각각 7톤이 넘는 무게와 5미터 가량 되는 높이를 자랑한다. 약 9,500년 전에 세워진 구조물이다. 영국과 아일랜드 등지에서도 6,000년 전에 이런 기둥들이 발견되었다. 영국에서 발견된 거석은 무게가 348톤에 달한다. 과연 어떤 욕망이 이런 유사한 위업들을 달성하게 했을까? 단합하고 협동하고자 하는 욕망이었을까? 그게 아니면 종교적인 기능을 가진 것일 수도 있다. 그러나 우스벡은 이러한 고된 활동의 기저에 자신의 힘을 확장하고자 하는 열망이 도사리고 있었을 것이며, 이것이 바로 인간의 진화를 유발한 거대한 힘일 거라 짐작한다. "인간은 자신의 힘을 증명할 때 기뻐한다." 우스벡이 좋아하는 철학자 중 한 사람인 스피노자가 한 말이다. 이를 입증할 만한 현상은 차고 넘친다. 사치스러움을 열망하는 인간은 더 많이 갖고자 하는 열망, 더 알고자 하는 열망, 더 세지고자 하는 열망, 더 많이 열망하고자

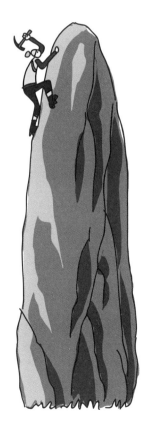

하는 열망 때문에 흔들린다. 상징적으로 표현하자면 올림픽 구호인 더 빨리, 더 높이, 더 강하게(Citius, Altius, Fortius)가 꼭 들어맞는다. 등반가는 인간의 이러한 이해할 수 없는 열정을 나타내는 대표적인 이미지다. 그들은 가장 높은 꼭대기에 닿기를 원한다. 그리고 그러한 열망을 성취한다. 그런 다음에는 가장 어려운 루트를 정복하고자 한다. 또 이루어 낸다. 그다음에는 8,000미터가 넘는 정상 11개를 정복하는 것이다. 다음은 보조 산소 없이, 그다음에는 자유 등반…. 전 세계의 아이들은 요구한다. "엄마, 내가 한 것 좀 보세요." 기독교 신학자들은 인간 지성의 지치지 않는 특성에 대하여 오직 신의 무한함만이 만족시킬 수 있는 증상이라고 해석했다. 역사가

유발 노아 하라리Yuval Noah Harari는 인간이 선조 대의 3대 적이었던 기아와 전염병, 전쟁을 물리쳤다면서, 이제 자신의 힘을 쏟아부을 무언가를 찾아 나설 것이라며 그 대상으로 불멸과 행복, 신이 되는 것, 이 세 가지를 꼽았다.

사피엔스(종 중에 가장 대표적인 사피엔스)는 이러한 확장적인 욕망 때문에 '자기 자신을 뛰어넘으려' 할 것이다. '자기 자신을 뛰어넘다'라는 표현에 우스벡은 혼란을 느낀다. 뛰어넘는다는 것은 남을 앞지른다는 말이고 경쟁에서 남을 이긴다는 말이다. 그런 말을 자기 자신에게 쓴다는 것이 흥미롭다. 그 말인즉슨, 경쟁하는 상대도 자기요, 앞지르는 상대도 자기라는 말 아닌가. 우스벡의 기억이 전한 정보를 몇 번 반복해서 보니 혼란스럽긴 나도 마찬가지였다.

- 자비로운 산 부엔아벤투라san Buenaventura는 누구나 실패할 것이라고 경고했다. "만일 자기 자신을 넘어설 수 없다면(Nisi supra seipsum ascendat)."

- 니체는 차라투스트라의 입을 빌려 이렇게 말했다. "나는 내 아래에 있는 나를 본다."

- 존경해 마지않는 장 발Jean Wahl 교수는 소르본느의 한 유서 깊은 강의실에서 이렇게 말했다. "우리는 늘 우리 앞에서 뛰어가고 있다."

- 생텍쥐페리의 동료는 사고로 극한 조건 속에서 안데스산맥을 횡단해 낸 뒤 자부심에 가득 찬 얼굴로 이런 말을 했다. "내가 겪은 일은 그 어떤 동물도 해낼 수 없을 거야."

- 토마스 아퀴나스는 말했다. "동물은 쉬운 길을, 사람은 어려운 길

을 찾는다."

무언가를 극복하는 행동의 기저에는 이성적으로 설명할 수 없는 추진력이 있다. 1914년, 어니스트 섀클턴Ernest Shackleton은 남극으로 항해하기 위해 선원을 구하던 중 이런 광고를 냈다. '위험한 여정을 함께할 사람 구함. 급여 낮음. 극심한 추위. 암흑 속에서 몇 개월 버텨야 함. 위험이 끊이지 않을 것이며 살아서 돌아올 가능성 희박함. 성공할 경우 명예와 인정을 받을 수 있음.' 광고를 본 사람 중 5,000여 명이 연락을 해 왔으며, 그중 27명이 선발되어 인듀어런스Endurance호에 승선했다. 우리의 먼 조상인 오세아니아의 라피타족이 태평양을 정복한 사건도 매우 놀랍다. 태평양은 섬들의 크기가 작고 거리가 멀어 한 섬에서 다른 섬이 잘 보이지 않을 정도였다. 항해자들은 수평선 너머에 땅이 있을 거라고는 생각하지 못했지만, 아마도 그리스의 역사가 투키디데스Thukydides의 말에 힘을 얻어 험난한 여정을 착수했을 것이다.

그런데 내가 보기에 인류학자들은 이토록 강력한 자극에 별 관심이 없는 것 같다. 선사시대 전문가인 마르셀 오트Marcel Otte는 인간 종을 특징짓는 것은 자연을 극복하고 자신의 힘을 키우려는 프로메테우스적인 열망에 있다고 본다. '인간 운명의 열쇠는 신체나 다른 사회, 자신의 과거와 같은 한계 극복에 대한 끊임없는 갈증이다.' 우스벡은 이 지배적이고 지치지 않는 열망이 많은 사피엔스를 불안하게 만들었음을 깨닫는다. 동양의 사상가들(특히 불교와 유교)은 욕망을 다스려야 한다고 했다. 고대 그리스 철학자들도 같은 말을 했다. '오만함'을 뜻하는 'hybris'는 결국 사람을 광기로 몰아간다고 했다. 스토아 철학자들은 욕망을 줄이라고 권했으며 지

175

나치게 많이 가지는 것은 불만족과 부정을 낳는다고 했다. 기독교는 인간의 오만함과 야만을 비난하면서 겸손해야 한다고 강조했다. 권력이라는 미로에 정통한 셰익스피어는 '거인의 힘을 가진다는 것은 황홀하나 그 힘을 거인처럼 쓴다는 것은 끔찍하다'라는 말을 남겼다. 그렇다면 거인은 어떤 다른 방식으로 자신의 힘을 쓸 수 있을까? 우스벡은 자문했다.

권력을 좇는 사람에게는 늘 권력에 대한 두려움도 함께 있었다. 우스벡은 보상적 애정의 진화에 강한 흥미를 느낀다. 예컨대 정의감에 관한 생각이나 (인간 특유의)동정심 등이다. 우스벡은 이들에 대해 계속 알아보기로 한다.

**우리 역사는 물질이 자기 자신을 극복하고자 하는
열망의 증거다**

　　우스벡은 이를 '영혼'이라 부른다. 매우 똑똑한 동물인 사
피엔스가 자기 고유의 특성 저 너머에 있을 법한 가능성을 발명해 내는
능력. 우스벡의 기억이 네트워크를 가동한다. 카이우스 줄리어스 레이서
Caius Julius Lacer는 알칸타라 다리에 'Ars ubi materia vincitur ipsa sua('물
질이 스스로를 극복한 예술이다'라는 뜻 – 역주)'를 새기도록 지시했다. 위대한
건축가는 자신이 설계한 건축물을 언급했지만, 우스벡은 인간의 지능에
이 말을 적용해 본다. 그것은 신경 물질이 비현실성, 상징, 역사, 신화, 신
등을 창조하여 스스로를 극복하는 힘이다. 지능은 물질을 영혼으로 바꾸

는 활동이다. 그래서 마술적이다. 그것은 물질적 즐거움과 더불어 영적 즐거움을 추구한다.

　우스벡은 이러한 확장 능력이 사피엔스의 상징적 능력과 예견, 상상, 꿈, 계획 등의 비현실을 통해 현실적인 행동을 이끄는 기술에 달려 있다고 확신한다. 시간의 흐름과 함께 반복되지만 희망을 부채질하고 온갖 노력을 동원하는 인간의 모든 행동을 매우 중요하게 생각하는 그는, 유토피아를 건설하고 존재하지 않는 사회적 형태의 행복을 만들어 내려는 사피엔스의 집요함을 의미 있게 생각한다. 이처럼 요원한 충만감(정의하지 못하기 일쑤인)의 존재는 이제 막 뜨겁게 열망했던 목표에 도달한 인간의 허탈함을 설명한다. 목표 달성, 그다음은? 인간은 채워지지 않는다. 물이 가득 채워지도록 잠자코 있는 컵이 아니다. 인간의 조건은 주어진 모든 것을 능가하는 것이다. 제대로 도달하지 않으면 충만감은 과거로 돌아간다. 시인 폴 발레리Paul Valery가 말한 '언제나 미래를 향해 난 구멍'을 열어둔 채. 인간은 계획이다. 그러므로 인간의 행복도 인간의 즐거움과 마찬가지로 계획일 뿐이다. 큰 재산을 얻은 인간은 얼마 지나지 않아 더 큰 재산을 손에 넣을 꿈을 꾼다. '파스칼은 이와 관련하여, "사냥꾼이 관심을 가지는 대상은 토끼가 아니라 사냥 그 자체다"라고 말했다.(시몬 드 보부아르Simone de Beauvoir)' 그리고 계획은 늘 비현실이기에 사피엔스는 비현실성, 즉 픽션에 흔들린다.

　공진화에 관해 이야기하는 것은 너무 지나친 단순화라고 우스벡은 생각한다. 그는 심리학과 문화의 교차, 개인 지능과 사회적 지능의 교배 현장에 동참하길 원한다. 영적 동물의 지능이 어떻게 확장되고, 조절하고, 실수를 저지르고, 또 그 실수를 바로잡아 왔는지 그 모든 역사를 살펴보

길 원한다. 행복을 찾아 나선 여정의 전 역사를 관통하길 원한다. 인간이라는 종은 이미 생물학적으로 굳건한 상태이므로 우스벡은 그들의 역사적인 진화를 추적하길 원한다. 나는 우스벡이 세 가지 커다란 변화를 확인한 것이 아닌가하는 생각이 들었다. 그가 변화를 '축'이라고 부르는 이유는 그것이 마치 역사가 돌아가는 축과 같고, 유목 생활에서 도시로의 이전, 대종교의 출현, 이성의 시대 등과 같은 거대한 새로운 가능성을 사피엔스에게 제시했기 때문이다.

공진화

사피엔스의 조상은 유당에 내성이 없었다.

유전자 발현에 영향을 미친다.

유전자는 사피엔스의 행동을 제어한다.

물질이 스스로를

사피엔스 & 문화

개인의 발전은 모두 사회에 반영된다. 사회의 발전도 모두 개인에게 반영된다.

문명은 채집 수렵 생활자가 자기 자신을 재구성하는 법을 배우는 일련의 기술이다.

주변 환경에 영향을 미친다.

문화적 창조물을 생산한다.

과도한 욕망

문화는 우리의 핵심 틈새다.

뇌의 크기가 커지자 더 많은 애플리케이션을 가진 문화가 탄생했다.

효율성을 높이기 위해 새로운 애플리케이션을 만들어 내도록 했다.

문명은 언제나 연약한 것이어서, 각 세대는 그것을 배워야 한다.

이 시대의 사피엔스는 인공지능이 제공한 무한한 가능성을 누리고 있다. 그들은 좋은 가능성과 나쁜 가능성을 구분할 수 있을까?

- 신체적
- 사회 관계
- **가능성** 증가

권력에 대한 열정, 한계를 뛰어넘고자 하는 열망은 인간의 역사를 이끈 위대한 **원동력**이다.

행복의 역사는 사피엔스가 느낀 필요의 역사이며 사피엔스가 포상이라고 간주한 것들의 역사다.

극복한 예술

필요에 대한 자각

자신의 능력을 아는 것은 자기에게 가치있는 일이다.

우리 인간이라는 종의 비밀이 행동에 앞서 일어나는 **욕망과 감정**의 기저에 있다고 **생각**

반복되는 경향이 있는 포상에 대한 기대, 또는 억제되는 경향을 띠는 벌 받은 행동

영장류와 공유하는 기본적인 감정이 있다.

─ 알파 수컷 ─

인간은 그 감정들을 무한대로 연마했다.

문화는 같은 감정에 대해 다른 포상을 만들어 냈다.

그리고 자기자신을 극복하기 위한 노력을 경주했다.

일본인들은 상호의존성과 사회적 관계를 장려한다. 『아마에』

서양의 에고(Ego)는 개인주의적이며 경쟁적이고 공격적이다.

그리스인들은 '오만함'을 뜻하는 'hybris'가 결국 사람을 광기로 몰아간다고 여겼다.

그런 다음에는?

X1

Ⓐ
우기

비치클루스 나비의 색깔이 환경에 따라 달라지는 것처럼 사피엔스의 감정도 변한다.

Ⓑ
건기

불교에서는 욕망을 제한하라고 말한다.

6

사냥꾼, 시민이 되다

첫 번째 축의 시대

생성 지능의 비이성적 과열로
우리는 비행에 이르렀다

약 9만 년 전, 우리 조상들은 아프리카를 떠나 지구 전역을
개척했다. 시베리아인들의 말처럼 '야생 순록에 대한 갈망'이 그들을 흔
들어 깨웠는지도 모른다. 이미 새로운 종이 된 그들은, 더 발달한 종인 네
안데르탈인을 발견했다. 새로운 종과 이전의 종은 수천 년이 넘는 세월
동안 공존했고, 그들 사이에 교배도 일어났다. 그러다 네안데르탈인은
절멸되었다. 현대 인간의 DNA 중 5% 가량이 네안데르탈인 DNA다. 인
류학자나 고고학자들이 발견해 낸 정보는 무수히 많지만, 우스벡은 사피
엔스의 지능의 역사를 더 자세하게 파헤쳐 보고자 한다. 그가 정한 연구
가설은 원시 사피엔스가 그들의 생성 지능, 즉 선천적이고 학습된 프로
그램에 의해 인도되었다는 것이다. 그들은 관련짓고 모방하는 놀라운 능
력 덕분에 믿을 만하고 환상적인 현실의 표상을 끊임없이 만들어 냈다.
때로 현실과 비현실을 정확히 분리하는 방법을 모를 수도 있다. 아이들
이 그렇다. 아이들에게 악몽과 현실 사이의 경계는 매우 모호하다. 이러
한 경험 중 일부는 오늘날 '변성 의식 상태(Altered state of consciousness)'

라고 명명된 것에 포함할 수 있을 것이다. 우스벡에 따르면, 훗날 '종교'라는 이름을 얻게 되는 것은 강력한 생성 지능의 발생으로부터 탄생했다. 어쩌면 환각제, 감각 박탈, 굶주림, 고통, 음의 선율, 춤, 강한 집중, 특정 병리학 상태 등의 이용으로부터 탄생했을 수도 있다. 우스벡은 고대 샤머니즘에 관한 연구 자료들을 면밀히 검토했다. 고대 샤머니즘은 매우 멀리 떨어진 장소에서 상당히 유사한 형태로 발생했다는 점에서 내생적인 특성을 짐작할 수 있다. 우스벡은 전문가들이 보편적이면서도 수수께끼 같다고 평가하는 이미지를 자신의 기억에 입력하면서 깊은 인상을 받았다.

 미르체아 엘리아데Mircea Eliade는 이렇게 말했다. "전 세계의 주술사와 마술사는 엄청난 거리를 순식간에 여행할 수 있는 비행 능력을 갖추고 있다." 조안 핼리팩스Joan Halifax는 덧붙였다. "주술사는 하늘, 세상의 경계에 있는 우물, 지하 세계의 깊은 심연, 호수의 바닥과 영혼으로 가득 찬 바다까지 여행한다."

많은 문화에서 예부터 전해 내려오는 우주론을 보면 계층화된 세계가 나온다. 천상 세계, 지구, 지하 세계, 사악한 존재들이 사는 곳, 죽음의 왕국 등등. 아프리카의 쿵족, 아마존 밀림 속에 사는 피로족, 보츠와나의 산족은 샤먼의 영혼이 신접한 상태가 진정한 죽음이라고 생각한다. 유일한 차이점은 샤먼이 부활하는 방법을 안다는 것이다. 그렇지만 샤먼의 영혼과 분리된 영혼은 길을 잃고 돌아오지 못하거나 다른 영혼에 의해 유괴를 당한다고 믿는다.

이러한 우연의 일치가 환경에서 비롯된다고 보는 고고학자들도 있지만, 우스벡은 '비이성적으로 과열한'(우스벡은 이 표현에 적잖이 놀랐다) 인간 지능의 기능에서 나온 것으로 본다. 이렇게 생각하는 학자들도 많이 있다. 클로드 레비 스트로스는 다른 문화의 신화에 나오는 유사성이 뇌의 일반적인 구조에 호소함으로써 설명된다고 주장했다. 그리고 데이비드 루이스 윌리엄스David Lewis-Williams와 데이비드 피어스David Pearce는 신석기 문화에 관한 설명은 환경의 영향이 아니라 신경학적으로 접근해야 한다고 주장한다.

우스벡은 지능이 생성 지능을 정복하고 재설계하면서 진화했다고 생각한다. 이미 언어의 발명으로 진화가 일어났으며, 역사를 통틀어 운영과 다양성에 대한 자기 제어를 계속 확장해 왔다. 우스벡식 스마트폰 은 유법으로 말하자면, 인간의 뇌는 더 많은 애플리케이션을 받아들였으며, 관리 슈퍼 애플리케이션 역시 생성 지능의 운영에 관한 자신의 힘을 확장할 수 있었기에 더 강력해졌다. 우스벡은 인류의 역사에서 그 흥미로운 과정을 발견했다.

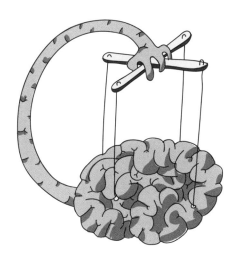

동정, 인간을 구원한 창조

원시 사피엔스의 세계로 돌아가 보자. 몇 가지 특징적인 사건이 이 새로운 인간 종의 인지 지능과 감정 지능에 압력을 가했다. 원시 사피엔스는 집단 생활 동물이지만 예외적인 특징이 있었다. 원시 사피엔스와 다른 영장류들의 성생활에는 간극이 있다. 예컨대 오랑우탄의 발정기는 5년마다 돌아온다. 고릴라와 침팬지는 새끼를 낳고 3년에서 6년이 지나야 다시 출산할 수 있다. 반면에 여자 사피엔스는 가임기가 아니라도 성관계를 가질 수 있어, 오직 번식만을 위한 성생활을 유지하는 것은 아니다. 그리고 여자는 발정기라는 것이 따로 없어서 배란의 순간을 정확히 감지할 수 없다. 이는 빈번한 성관계를 가질 가능성이 커플의 지속적인 결합을 가능하게 했고, 오랜 돌봄 기간이 소요되는 양육에도 이롭기 때문에 선택된 변화라고 윤리학자들은 주장한다.

인간의 진화는 새로운 지적 능력의 발현뿐만 아니라 새로운 정서적인 경험에도 나타났다. 우스벡은 이제 이 점에 주목한다. 미국 조지아주의 작은 마을인 드마니시Dmanisi에서 발견된 1,800만 년 된 유적지에 죽기 몇 년 전 치아를 모두 잃고 단 한 개의 치아로 살았던 성인의 유적이 보존되어 있다. 이는 그가 속한 그룹의 구성원들이 그에게 음식을 제공했다는 것을 의미하는 단서다. 이는 다른 동물 세계에는 존재하지 않는 특징이다[P. Spikins, 『How Compassion Made Us Human』, Pen and Sword Books, Barnsley, 2015]. 신경학자들은 이를 두고 어머니와 자식 간의 선천적 유대가 확장된 결과라고 분석한다. 돌봄은 공감과 동정이라는 감정을 일으키는 호르몬인 옥시토신과 관련된 행동이기 때문이다. 인간은 또, 애완동물과의 관계에서 옥시토신이 증가하는 경험을 한다. 이를 통해 우스벡이 내린 결론은 인간의 뇌가 원래는 존재하지 않았던 요소들을 연관시켜 자신의 행동을 확장하고 변화시킬 수 있었다는 것이다. 예컨대

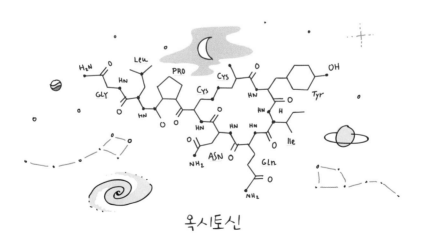

옥시토신

자식을 향한 돌봄 관계가 성인을 돌보는 관계까지 확장된 것이다. 게다가 이런 관계에서 성인 간의 애정 관계의 뿌리를 찾을 수 있다는 생각에 이르렀다. 그들은 성적 행동(여성과 성교하는 남자)을 엄마가 아이와 가지는 매우 개인적인 관계와 유사한 정서적 유대로 연관 지었을 것이다. 그렇게 생각하니 우스벡이 이상하다고 생각했던 행동이 설명되었다. 연인들이 종종 아이들이 쓰는 언어로 대화하는 것 말이다.

기원전 9000년

기원전 3000년

기원전 7000년

기원전 3000년

기원전 3000년

기원전 4000년

역사는 세 바퀴를 돌아 지금 여기에

약 1만 년 전, 유목 생활을 하던 사피엔스는 더 잘 살고자 하는 욕망, 안락함에 대한 욕망, 행복에 대한 욕망으로 한곳에 정착하며 땅을 경작하기 시작했다. 이는 인간의 모험사에서 매우 중요한 변화로, 우스벡은 이를 '첫 번째 축의 시대'라 부르기로 했다. 그러나 고고학자들 사이에서는 논란이 있다. 무엇이 먼저였나? 종교적 변화, 아니면 영양을 섭취하는 방식의 변화? 종교 혹은 농업? 과거에 했던 질문과 같은 질문이 다시 반복된다. 뇌가 문화를 만드는가, 아니면 문화가 뇌를 만드는가? 사피엔스가 예술을 생산하는가, 아니면 예술이 사피엔스를 만들어 내는

가? 사피엔스가 종교를 만들었는가, 아니면 종교가 사피엔스를 창조했는가? 혁신적인 이종 교배와 상승 루프는 이미 해결책을 제시한 바 있다. 터키의 한 작은 마을인 괴베클리 테페Göbekli Tepe에서 진행된 발굴 작업에서 아직 집도 없던 시절에 세워진 종교적 건축물들이 발견되었다. 그것이 농업의 요람이었음을 짐작하게 하는 증거들도 근처에서 발견되었다. 학자들은 많은 사피엔스로 구성된 한 집단이 종교적인 목적으로 그곳에 모였으며, 그 집단에서 농업에 대한 아이디어가 처음으로 나왔을 것이라고 결론지었다. 누군가가 영감을 받아 '나는 농부가 되겠다'라며 한순간에 결정한 일이 아니라, 컴퓨터 과학자들이 '개미 알고리즘'이라 부르는 사례와 유사한 현상이었을 거라고 우스벡은 생각했다. 컴퓨터 과학자들은 개미가 식량을 찾는 방법을 연구했다. 개미는 무작정 먹이를 찾아 나선다. 그러다 먹이를 발견하면 그곳에 페로몬을 남기면서 개미굴로 돌아간다. 다른 개미가 페로몬 흔적을 찾으면, 흔적을 따라가 음식을 찾아낼 수 있다. 페로몬은 금방 사라지기 때문에 먹이까지 도달하는 짧은 길로 다니는 개미들은 다른 개미들보다 더 자주 다닐 수 있다. 이에 우스벡은, 누군가가 씨앗을 심고 그 결과를 보기 기다렸고, 그런 행동이 자신에게 도움이 된다는 것을 경험한 다른 이들이 그의 뒤를 따랐을 거라 추측했다. 인간은 모방하는 것에 도가 튼 존재들 아니었던가. 농업은 지구상 최소한 여섯 지역에서 독립적으로 일어났다. 여섯 지역 모두, 각 지역에서 자연발생적으로 싹 튼 채소가 제공한 기회를 활용했다. 메소포타미아(기원전 9000년)에서는 곡식과 렌즈콩, 중국(기원전 7000년)에서는 쌀과 옥수수와 콩, 멕시코(기원전 3000년)에서는 옥수수와 강낭콩, 남아메리카(기원전 3000년)에서는 고구마와 감자, 뉴기니(기원전 4000년)에서는 바나나, 사하라 이남 아프리카(기원전 3000년)에서는 옥수수와 수수가 재배되었다.

우스벡은 지금까지 영향력을 행사하고 있는 수많은 사건을 목격한다. 처음에는 식량의 생산량이 소비량보다 많았다. 이 말은 과잉이 발생했다는 뜻이며, 그것은 재산, 상업, 분업, 보호의 필요성, 보호의 대가로 돈을 버는 보호자의 등장으로 이어진다. 큰 촌락에 인구가 집중되는 현상이 시작되더니, 도시로 이어졌다. 백 명 정도의 집단으로 살 준비가 되어 있던 사피엔스는 더 큰 집단을 이뤄 사는 법을 배워야 했고, 이에 따라 생각하고, 느끼고, 행동하는 방식을 재정비할 필요성을 느끼게 되었다. 모르는 사람들과 협동하는 법을 배우는 것은 어마어마한 변화를 예고했다. 우리의 원시 조상들은 그때까지 단 한 번도 통나무를 지거나 그 밖에 다른 일을 위해 타인과 힘을 모아본 적이 없었다(토마셀로). 사건과 혁신이 증가하고, 제어 시스템이 더 필요하게 되었다. 그래서 이미 보았듯이, 최초의 법률이 나타났다. 규범을 따른다는 것은 생성 지능을 제어, 즉 강력한 '세관 시스템'을 구축하여 충동이 행동으로 이어지지 않도록 하겠다는 뜻이었다. 도시는 새로운 사고방식과 느끼는 방식을 선호했고, 강요했다. 우리가 아는 가장 오래된 문학 작품인 『길가메시 서사시Epic of Gilgamesh』는 양치기가 도시로 향하는 여정을 그린다. 우루크의 왕 길가메시는 파괴적인 군주다. 신들은 그의 악함을 달래기 위해 정글에서 동물과 함께 자란 엔키두를 만든다. 한 창녀가 엔키두를 도시로 보내 길가메시와 싸우게 만든다. 야만 대 문명, 자연 대 문화의 싸움이다. 싸움은 길가메시의 승리로 끝이 난다.

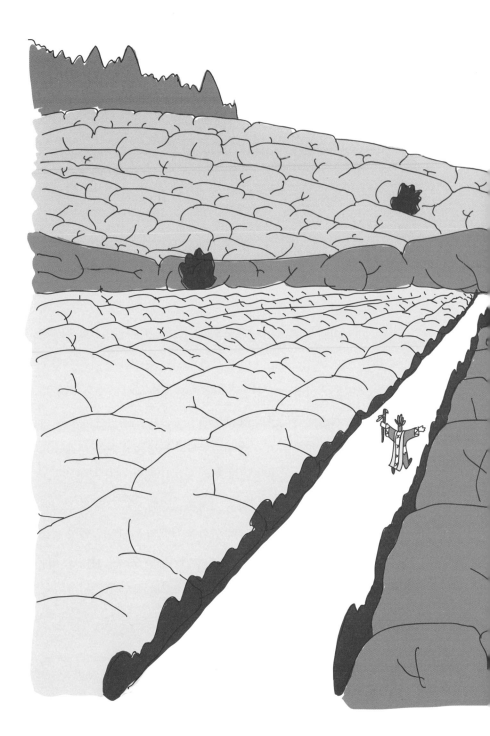

194

도시는 사람을 만들었다

　　기원전 8500년, 역사상 가장 오래된 도시 중 하나인 예리코에는 3,000명이 넘는 사람이 살고 있었고 도시는 높은 성벽으로 둘러싸여 있었다. 메소포타미아 문명의 도시들은 궁전과 신전이 특히 두드러지는데, 이 둘은 공생을 제어하는 큰 세력이었다. 두 가지 모두 위대한 이야기를 통해 정당성을 획득한다. 사피엔스의 상징화 능력은 그들을 진정시키고, 협력하게 하고, 결속력을 유지하고, 법률에 정당성을 더하기 위한 이야기들을 만들어 냈다. 법률에는 특정 행동을 처벌한 형법도 포함됐다.

　　그런데 우스벡은 법으로 충분하지 않았을 거라고 생각한다. 무언가 새로운 감정을 만들어 낼 필요가 있었다. 개미굴에 사는 개미들은 공동체를 위해 스스로 희생한다. 'Globitermes sulphureus'라는 종의 병정개미는 자살 개미로 구성되어 있으며, 두 개의 땀샘에 부식성 액체를 운반하는 기어 다니는 폭탄이다. 그들은 마치 가미카제나 자살 폭탄 테러범처럼 적 앞에서 폭발한다. 반면 지능과 성찰은 사피엔스에게 사회를 위해 자신을 희생하고 싶은지 아닌지를 결정할 가능성을 제공했다. 인간의 도시를 자치권을 옹호하는 칸트 학파 개미들이 사는 개미굴로 생각할 수 있으리라고 우스벡은 생각했다. 그러자 우스벡이 무척이나 흥미롭게 생각하는 문제가 수면 위로 떠올랐다. 우스벡의 문명에서도 중요하게 생각하는 문제였다. 바로 개인과 사회의 관계에 대한 문제였다. 개미굴에서는 공동체가 가장 중요하다. 그렇다면 한 부족, 한 도시, 한 국가는 어떤가?

사피엔스는 더 광범위한 집단에서 모인다. 안전, 행동할 가능성의 증가 등의 혜택을 누릴 수 있기 때문이다. 혁신을 장려하려면 많은 공동체가 필요하다. 미셸 클라인Michelle Kline과 로버트 보이드Robert Boyd는 오세아니아의 섬에서 인구 규모와 다양한 도구 간의 관계를 실험적으로 연구했다. 연구 결과, 밀접한 연관 관계가 있음이 밝혀졌다[R. Boyd, 『Un animal diferente, Anaya Multimedia』, Madrid, 2018, p. 60]. 우스벡은 석기시대와 같이 살아남은 모든 사회는 두 가지 특성을 공유한다는 사실을 확인했다. 바로 규모가 작은 공동체였다는 것과 남들보다 조금 더 노력하여 지킬 만한 무언가가 없었다는 것이다. 우스벡은 아마존의 정글에서 만디오카를 재배하며 살았던 쿠이쿠로족에 대한 정보를 얻었다. 그들은 수 세기 동안 만디오카의 생산량을 두세 배 늘릴 수 있었지만, 여가 활동으로 시간을 보내기를 선호했다. 그런데 유럽인들이 장사할 보따리를 가지고 들어오자 만디오카 생산량이 거품처럼 증가했다. 쿠이쿠로족이 예전에 그만큼 일하지 않았던 이유는 더 많은 시간을 일하여 얻을 것이 없었기 때문이다. 이 정보로 포상에 대한 우스벡의 관심이 더 커졌다. 조직된 공동체인 도시는 행동을 자극하는 포상의 창조자였다. 집단이 함께 협력하는 방법을 발견했다는 것은 인간 문화의 기념비적 성취(심지어 무시무시하기까지 했다)라 할 수 있을 것이다. 우스벡은 오늘날의 사피엔스가 욕망을 자극하는 방법으로 강력한 전략을 세웠다는 것을 알아냈다. 이름하여 '광고'다. 광고는 인간으로 하여금 물건을 사는 행위가 곧 포상을 받는 것이라는 인상을 준다.

호라티우스

조국을 위해 죽는 것은
달콤하고 영광스러운 일이다.

트윗40.

우리 인간은 이해관계가 있는
이타주의자다

우스벡은 인류의 진화를 개인 또는 가족 이기주의(리처드 도킨스라는 생물학자는 『이기적 유전자』라는 저서로 유명해졌다)와 더 확장된 사회에서 협동할 필요성 사이의 대립으로 생각했다. 결코 완벽하게 해결되지 않는 이 긴장 관계는 협력 관계를 통해 어떤 보상을 획득할 수 있다면 기꺼이 협력하게 하는 일종의 '이해관계가 있는 이타주의'를 최선의 해결책으로 삼았다. 이런 계산적인 호의와 공헌은 결과적으로 부의 분배가 공평하지 않다고 간주되는 불공평이라는 문제를 제기하게 된다. 아이들은 이 느낌을 매우 빨리 느끼기 때문에 진화의 측면에서 선택되었을 수 있었다.

그러나 도시는 희생, 간혹 생명까지 요구했기 때문에 이러한 혜택을 포기해야 하는 경우도 있었다. 그리고 자기 가족에 속하지 않은 사람들을 위해 희생하는 것은 자연스러운 일이 아니었기 때문에 강제적일 뿐만 아니라 정서적이며 도덕적이기까지 한 시스템을 만들어야 라틴어 속담 '조국을 위해 죽는 것은 달콤하고 영광스러운 일이다(Dulce et decorum est pro patria mori)'가 의미하는 바를 납득시킬 수 있었다. 우스벡은 그와 같은 관용적인 행동이 두 가지 강력한 감정에 의해 일어난다는 것을 발견했다. 첫째는 정체성과 부족이나 도시에 속한 소속감이며, 둘째는 최고의 가치라고 평가되는 명성을 얻고자 하는 것이다.

자신이 속한 그룹과 자신을 동일시하려는 감정은 토템 신앙과 함께 매우 일찍 시작되었다. 우스벡은 이러한 현상을 성찰하는 태도라는 큰 지적 진보로 보고 연구했다. 인간은 자신의 사회적 성격에 대해 진지하게 생각하고 분류를 도입하기로 한다. 이를 두 단어로 말하면 '소속감의 발명'이다. 복잡하기만 한 가족법과 혼인법이 좋은 예다. 처음에는 다른 일들과 다른 사람들에 대해 생각했지만 결국 자기 자신에 대한 생각으로 돌아온 것이다. 따라서 '나는 누구인가?'라는 질문에 대해 '나는 곰 부족의 일원이다'라고 답할 것이다. 세월이 더 흐른 뒤에는 '나는 로마 시민이다.' '나는 기독교인이다.' '나는 이슬람교도다.' '나는 아리아 사람이다.' 등으로 바뀔 것이다. 즉 나라는 존재는 하나의 이야기에 동화된다. 도시는 그러한 소속감을 명확히 하고 강화했다.

 우스벡의 기억은 위대한 그리스의 역사가 투키디데스의 이야기에서 매우 소중한 예를 찾아냈다. 페리클레스는 아테네를 성찰했다. 페리클레스는 근본적으로 도시의 영광을 열망했고, 그것을 이루려면 자신의 힘을 무한대로 키워야 한다고 생각했다. 그는 폴리스 전체에 대한 헌신을 위해 싸웠다. "너희들은 당연히 도시의 명예, 자랑스러운 제국의 명예를 지켜야 한다"고 말했다.

이러한 권력이 인정을 받으려면 증대하는 지배력과 끝없이 지배하고 더 많이 가지는 것이 실현돼야 한다. 따라서 도시에 바치는 불후의 명성은 영토 확장, 전쟁 등과 직접적으로 관련되어 있다.

♡ 716M

힘과 영광에 취한 사피엔스

사피엔스는 이런 식으로 야망, 권력에 대한 욕망, 확장의 필요성 등과 같은 개인적인 특성을 도시, 더 나아가 제국, 왕국, 국가에 부여했다. 명예, 영광, 명성 등의 기저에는 인간적인 특성이 도사리고 있다. 그런 특성들은 도시로 넘어갔다. 중요한 것은 타인과의 협력을 장려 또는 강제하는 것이었다. '명성'은 행동을 유인하기 위한 일종의 도구였다. '고대 그리스와 같은 문화에서는 각 개인이 다른 사람에 의해, 다른 사람이 어떻게 보느냐에 따라 존재했었다. 인격의 기초가 더 확실하게 확립될수록 명성이 더 멀리 퍼지는 문화였다. 진정한 죽음은 망각, 침묵, 음침한 모욕이며 명성의 부재다[J. P. Vernant, El individuo, 『la muerte y el amor en la antigua Grecia, Paidós Ibérica』, Barcelona, 2001, p. 56].' 그와 반대로, 존재는 불멸을 포함하여 다른 사람의 인정(살아 있든 죽었든), 평가, 명성에 의해 인식된다…. 영웅은 자신의 삶을 전투에 바쳐 정복할 수 있었던 영광 덕분에 죽음으로써 불변성을 얻는다. 이로써 전기에 표현된 자신의 실존이라는 개인적인 주제를 집단의 기억에 기록한다.

 이번에는 내가 데이터를 제공해 볼까 한다. 마크 리어리^{Mark Leary}는 우리 사피엔스가 느끼는 자존감의 필요성에는 진화적 의미가 없다고 생각했다. 그리고 그는 해결책을 제시했다. 수백만 년 동안 우리 조상들은 작은 집단이 자신을 구성원으로 받아들이고, 신뢰하도록 하는 능력에 따라 생존해 왔다. 따라서 집단 구성원들이 우리에 대해 좋은 인상을 받도록 만들려는 충동을 선천적으로 가지고 있었다. 실상 자존감은 그 인상의 내적 지표와 같다[M. R. Leary, 『The Curse of the Self. Self-Awareness, Egotism, and the Quality of Human Life』, Oxford University Press, Oxford, 2004]. 우리 인간은 주변인들로부터 인정받길 원한다.

우스벡은 이처럼 명성을 추구하던 영웅적인 시대는 어느 문화에서나 그 출발점에서 일반적으로 나타나는 현상이라고 생각한다. 길가메시 이야기가 그중 하나다. 길가메시는 불멸의 명성이라는 단 하나의 이유로 인해 삼나무 숲에서 그의 수호자인 무시무시한 후와와를 죽였다. '만일 내가 여기서 죽는다면, 나는 최소한 명성은 남길 수 있다. 사람들은 이렇게 말할 것이다. "길가메시가 흉포한 후와와를 상대로 전투를 시작했

다!"(『길가메시 서사시』)'

　길가메시를 죽음의 어두운 심연에 맞서게 한 유일한 힘은 명성이다. 수치스러운 것보다 더 끔찍한 것은 없다. 『일리아드』도 영웅적인 이상을 다룬다. '언제나 빼어나라, 다른 이들보다 더 탁월하라(일리아드, VI 208).' 이러한 면모는 태평양 북서부 해안의 원주민 부족들이 행했던 포틀래치 Potlatch만큼이나 겉보기에 어리석은 행동으로 이어진다. 명성을 좇다가 본질이 파괴되고 마는 것이다.

당신 지능의 많은 부분은
당신의 외부에 있다

　　　　　우스벡은 지능이 문제를 해결하는 데 필요한 도구 일체를 문화가 제공하고 있다는 것을 이미 알고 있다. 따라서 다른 사회와 비교해 더 많은 자원을 제공하는 사회가 있다. 반면 먹을거리를 찾는 일과 사냥 정도가 일상의 전부인 아프리카 칼라하리 사막의 원주민들은 대략 80개의 단어로 살아간다. 그들은 자세와 몸짓으로 대화하기 때문에 어둠 속에서는 의사소통하기가 어렵다. 실제로 글을 쓸 줄 모르는 문화가 많이 있었다. 그들 사회는 문자라는 거대한 정보 채널을 차단했다. 오늘날 모든 아이가 가진 능력인 숫자를 다루는 능력은 언어를 배우는 능력과 유사한 방식으로 습득되었다고 진화심리학자들은 분석한다. 원시 문화들은 그 능력을 완전히 발전시키지는 못했다.

 예일대학교의 클레어 보언Claire Bowern과 제이슨 젠츠Jason Zentz는 호주 원주민의 언어 189개를 연구했다. 그들은 연구 대상 언어 중 75% 정도가 겨우 숫자 '3'과 '4' 정도까지만 난어로 표현할 수 있다는 사실을 밝혀냈다. 또, 전 세계 채집·수렵 생활자들이 사용하는 200개 언어를 연구한 결과, 대부분이 숫자 '5'까지만 표현할 수 있음을 확인했다. 5보다 큰 숫자는 그저 '많다'라는 표현으로 대체된다. 다니엘 에버렛Daniel Everett이 연구한 아마존강 유역의 피라하 부족의 경우도 비슷하다. 그들은 수량을 추상적인 개념으로 이해할 수 없었다. 그들에게는 단 두 단어, '적다/작다'와 '많다/크다'만 있을 뿐이었다. 수학적 지식을 가진 문화라 해도 숫자 0을 발견하기까지는 꽤 오랜 시간이 걸렸다. 그래서 십진법에서 사용하는 위치 기수법이 불가능했다. 십진법에서는 어떤 숫자의 오른쪽에 놓인 0이 그 숫자를 10으로 곱한 것을 뜻한다. 그러니 문화의 진화와 지능의 진화는 평행 선상에 놓여 있다고 할 수 있다. 광범한 공동체를 상징하는 도시는 효율적인 '사회적 지능'으로 전환된다. 문자, 수학, 과학, 법제도 등이 도시에 나타난다. 도시는 창조를 증폭하는 공간이며 그 결과로 지능이 확장된다[R. E. Núñez, 『El origen cultural de la cognición numérica』, Mente & Cerebro, enero de 2019].

우스벡은 사피엔스가 개인의 지능 측정 테스트에는 그토록 많은 노력을 기울이면서 사회의 지능을 측정하는 방법은 전혀 가지고 있지 않았다는 사실이 터무니없이 느껴졌다. 우스벡의 문명은 사회적 지능 측정법을 가지고 있지만, 그것을 인간의 문명에 적용할 수 있을지는 확실치 않다. 예를 들면 무지, 광신주의, 편견, 감정적인 사고방식, 이성적인 사고방식의 오용과 같은 지능의 실패담에 호의적인 문화는 덜 지능적인 문화로 간주된다. 지구에도 그런 문화가 존재했었다. 이스터섬이 그런 경우다. 이스터섬의 주민들은 자연에 대처하는 법을 몰라서 멸망했다. 인류학자 마거릿 미드Margaret Mead가 연구한 먼더거머족도 그랬다. 그들의 문화는 부족민들이 어릴 때부터 계속 무자비하고 공격적인 상태를 유지하도록 만들었다. 심지어 가족 구조조차도 증오심을 키우는 데 일조했다. 각 가정은 두 가족으로 구성되었고, 각 가족은 자녀를 나누어 가졌다. 아버지 가족의 구성원은 그의 딸, 그 딸의 아들, 그 딸의 아들의 딸이고, 어머니 가족의 구성원은 그녀의 아들, 그 아들의 딸, 그 아들의 딸의 아들이 되는 식이었다. 남자가 아내를 맞을 수 있는 유일한 방법은 여자를 교환하는 것이었고, 아버지는 딸을 자기가 맞아들일 여자와 맞바꿀 수 있었다. 그의 아들 또한 아내를 얻으려면 오누이 중 한 명과 여자를 맞바꾸어야 했기 때문에 아들은 아내를 얻기 위해 아버지가 가능한 한 일찍 죽기를 바라야 했다. 이러한 내적인 공격성은 잘못된 믿음에 대한 합리적인 반응이었다. 먼더거머족은 세상이 악하다고 믿었으며 적이나 악령, 자연의 공격을 물리치려면 영원히 경계를 늦추지 말아야 한다고 믿었다.

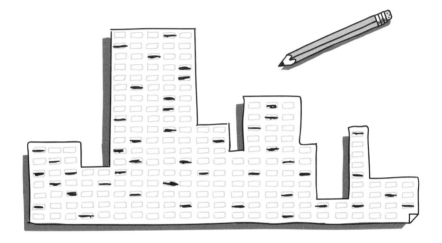

나는 나인 동시에 내 주변 상황이다.
만일 내가 내 상황을 구하지 않는다면, 나 자신도 구할 수 없다

우스벡은 좀 더 현대에 가까운 사례를 찾았다. 메디치 가문이 영향력을 떨치던 시대에 피렌체에는 천재들이 넘쳐났다. 그래서 사회적 환경(도시)이 창조적 인물들의 등장에 미치는 영향력을 의미하는 표현으로 '메디치 효과'라는 말이 탄생했다. 아이디어란 무에서 나오는 것이 아니라 이미 존재하는 것으로부터 만들어지는 것이라고 우스벡은 생각한다. 개인은 저마다 매우 중요한 프로젝트를 실현할 수 있지만, 그 가능성은 자신이 속한 문화가 제안한다. 아라비아족의 지능이 기능하는 방식을 연구했던 학자들은 그들이 미래를 상상하기 힘들어하는 모습을 보고 놀라지 않을 수 없었다. "어떤 도시에 살러 가려면 어떻게 하겠습니까?"라는 질문에 그들은 "그런 일은 절대로 없을 겁니다"라고 대답했다.

생각은 상호작용의 촘촘한 네트워크에서 일어난다. 문화의 진화는 대도시들이 더 많은 혁신을 장려했으며, 유연하고 고무적인 관계가 유지되는 대도시에 시민들이 이용할 수 있는 문화 자원이 더 많았다는 사실을 입증한 바 있다. 괴테가 에커만J.P. Eckermann과 나눈 대화 중에 바이마르에 도착한 앙페르Ampère에 관한 이야기가 있다. 전자기를 발명한 그 유명한 앙페르가 '20대의 활기찬 젊은이'라는 것은 놀라운 사실이었다. 에커만이 놀라움을 금치 못하자 괴테는 그런 그에게 답한다(1827년 3월 3일 목요일). "자네는 믿기 힘들겠지. 중부 독일에서 우리는 얼마 안 되는 지혜를 쌓는 데 많은 시간을 들여야 했으니까. 그러니 사실상 우리네 삶이란 게 고립되고 가난한 거지. 이 도시에는 문화가 거의 없어, 우리가 가진 모든 재능과 우수한 머리는 독일 전역에 흩어져 있어. 파리 같은 도시를 보게. 그 나라에서 가장 뛰어난 사람들이 서로 가르치며 배우고, 교환과 투쟁, 일상적인 경쟁 속에서 정신을 고취하려고 몰려드는 곳이지. 최고의 자연과학과 예술이 대중에게 공개되는 곳, 전 세계에서 경험할 수 있는 것 중에 최고가 있는 곳이지. 이렇게 번영을 이루니 앙페르 같은 위대한 두뇌가 나타날 수 있으며 그의 나이 고작 24살에 이미 중요한 누군가가 될 수 있다는 거 아니겠는가."

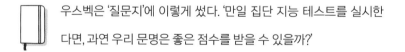 우스벡은 '질문지'에 이렇게 썼다. '만일 집단 지능 테스트를 실시한다면, 과연 우리 문명은 좋은 점수를 받을 수 있을까?'

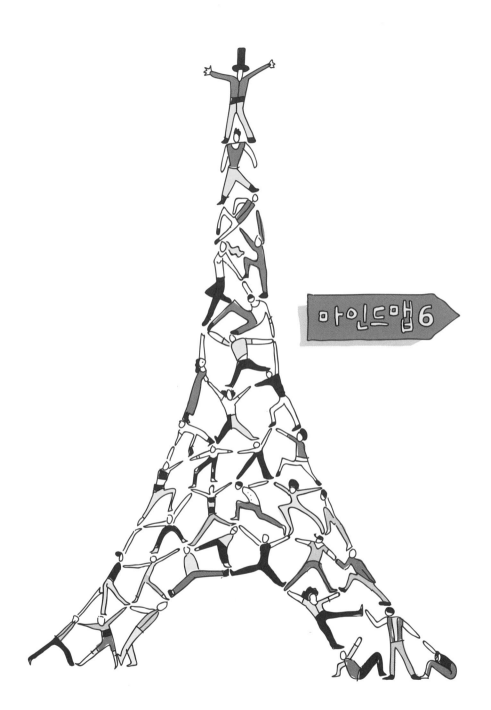

마인드맵6

사냥꾼, 시민이 되다

약 **9만 년 전**,
사피엔스는 **아프리카**를 떠나
세계를 개척했다.

당시까지만 해도
사피엔스는 자신의
생서 지능에 따라
움직였다.

현실과 비현실을
구분하지 못했다.

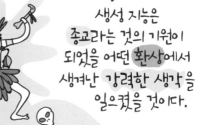

생성 지능은
종교라는 것의 기원이
되었을 어떤 **환상**에서
생겨난 **강력한 생각**을
일으켰을 것이다.

이러한 특징이 커플의 결합에 도움이 되었고,
오랜 돌봄 기간이 소요되는 양육에 이롭기에
선택되었다는 주장이 있다.

집단 생활을 하는
동물이라는 특징을 가진
사피엔스의 또 다른
특이점은, 여자 사피엔스의
경우 가임기가 아니라도
성관계를 가질 수
있다는 것이다.

어머니와
자녀 간의 **저서적** 유대 관계는
나머지 **집단** 구성원들과의
관계로까지 확장된다.

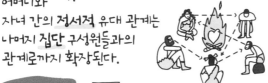

이러한 변화로 수많은
생각이 발생한다.

첫 번째 축의 시대 —

약 **1만 년 전**,
사피엔스는
어떤 **종교적인**
이유로 정착 생활을 하게
되면서 땅을 **경작하기**
시작한다.

전 세계에
나타나는 또 다른
-평행한 발명-

기원전
3,000년

기원전
9,000년

기원전
7,000년

기원전
3,000년

기원전
9,000년

기원전
4,000년

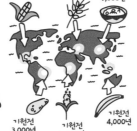

식량 생산량이
소비량을 초과하면서
상업, 분업, 보호의
필요성 등이
대두되었다.

그리하여 사회 환경은 상호작용의 촘촘한 네트워크 속에서 창조적인 사람의 출현에 영향을 미친다.

문화와 지능의 진화는 사회적 지능 이라는 개념을 만들어 내면서 동시에 진행된다.

사피엔스는 상징적 능력을 이용하여 이야기와 위대한 역사를 만들어 낼 수 있었다.

나는 누구인가?

기독교인

로마인

아리아인

진정한 죽음은 잊히는 것이다!

조국을 위해 죽는 것은 달콤하고 영광스러운 일이다

본인의 정체성과 공동체에 대한 소속감

최상의 가치로서 명성이라는 것은 행동을 일으키는 장치다.

법과 규칙

그래서 새로운 감정이 필요했다.

그렇지만 동시에 희생을 요구한다.

대도시의 등장으로 생각과 행동하는 방식을 재정비할 필요성이 대두되었다.

— 타인과의 협력 —

확대된 집단과의 결합은 혁신과 더 많은 가능성을 불러온다.

7

위대한 영적 혁명

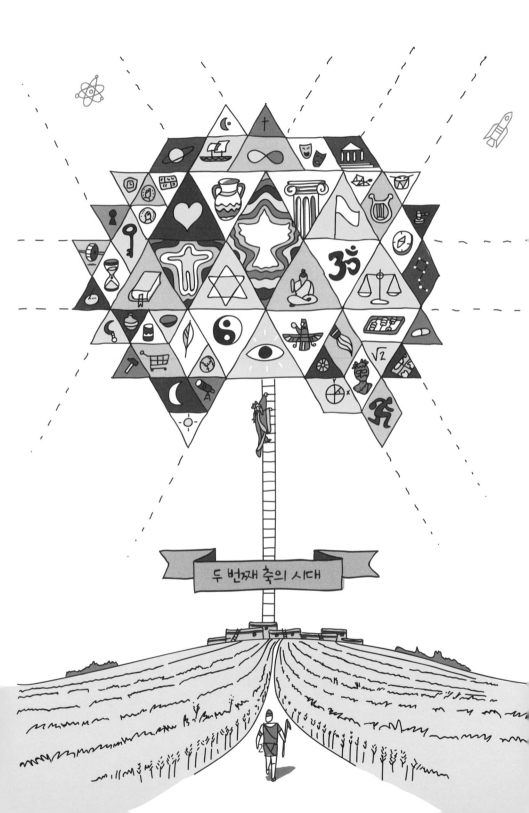

두 번째 축의 시대

두 번째 큰 전환점, 선한 신

위대한 시민 혁명 이후, 우스벡은 시민 혁명만큼 잘 알려지지는 않았지만 중요한 다른 혁명 사건을 발견했다. 널리 알려지지 않았다고 해서 지능의 진화에 미친 영향력이 시민 혁명만큼 크지 않다는 건 아니다. 첫 번째 축의 시대에는 외부 관계, 즉 도시에서 공유된 사회적 지능이 확장되었다. 두 번째 축의 시대에는 사피엔스가 자신에게 회귀하는 거대한 움직임이 있었다. 종교·정치·경제 영역에서 자성에 관한 관심이 일어난 것이다. 그리고 자성을 위한 심리적 도구가 발명된다. 최초의 현대적 자서전은 4세기에 아우구스티누스가 쓴 책으로, 저자는 종교적 내성 분석 관점에서 집필했다. 책의 초반부터 나오는 실재와 상징의 분리는 연구, 평가, 비판의 대상이 되고 있다. 그리고 현재까지 유지되고 있는 주요 종교들이 등장한다. 우스벡의 필드노트에 메모된 엄청난 양의 자료만 보더라도, 그가 이 시기의 인간 역사에 얼마나 관심이 많은지 분명히 알 수 있다.

종교적인 축의 시대는 기원전 750년부터 350년까지로 확장된다. 독일의 위대한 철학자 칼 야스퍼스Karl Jaspers가 제창한 개념으로, 야스퍼스는 역사상 가장 심도 있는 변화, 즉 사피엔스가 인간다워진 시대가 이때였다고 주장했다. 변화를 이끈 주인공들은 히브리의 선지자들, 우파니샤드 저자들, 부처, 마하비라, 공자, 노자, 소크라테스 등이다. 물론 베다를 집필한 아리아 민족의 선각자들과 조로아스터교의 대가들도 여기에 포함해야 할 것이다. 그리고 그 뒤를 이어 위내한 두 인물인 나사렛 예수와 무함마드가 유대 전통에 각인되었다. 종교는 사피엔스가 하나의 종으로 역사에 등장했을 때부터 사피엔스와 함께였다. 그러나 오늘날에는 영적인 대상이 되었고 인간 내면으로 회귀하며 인간이 서로를 이해하는 방식에 협력하고 있다. 소크라테스는 이러한 변화를 두고 '성찰하지 않는 삶은 살아낼 가치가 없다'라고 했다. 공자는 지금 하는 것에 주의를 기울이는 것이 중요하며, 그 여정을 통해 스스로를 증명할 수 있다고 했다. 이스라엘의 선지자들은 기본적인 것은 내적인 것, 마음의 순결함이라고 말한다. 우스벡의 기억은 마음, 느낌, 의도의 순결함은 많은 종교가 공통적으로 추구하는 가치임을 확인해 준다. 고대 인도의 철학서인 우파니샤드는 그 내부에서 절대자의 불꽃을 발견하고 신자에게 '네가 그것이다(Tat Tvam asi)'라는 신비로운 문구를 전한다. 네 안에 절대적인 것이 있다는 뜻이다. 유한성은 환상이다. 진정한 현실은 무한하다. 그래서 우파니샤드는 어떤 면에서는 두 번째 축의 지혜의 정점 중 하나라 할 수 있다.

인류 역사에 있어서 두 번째 축의 시대의 중요성은 부정하기 어렵다. 두 번째 축의 시대에 시작됐거나 발전되어 오늘날까지 이어지고 있는 종교의 신봉자들은 다음과 같다.

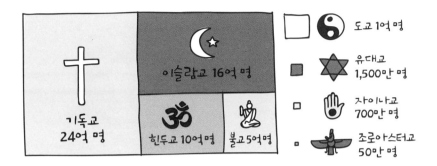

기독교
24억 명

이슬람교 16억 명

힌두교 10억 명

불교 5억 명

도교 1억 명

유대교
1,500만 명

자이나교
700만 명

조로아스터교
50만 명

유교도 인구는 파악하기 어렵다. 사실 유교를 종교로 볼 수 있는지조
차 의문이다. 그렇지만 중국 공산당이 21세기에 중국 문화의 기초로 유
교를 강력하게 회복시켰다는 사실은 유교의 영향력을 여실히 보여 주는
하나의 증거다.

인간 내면에 진실이 산다

  종교적이지 않은 문화에서 온 우스벡에게 종교의 영속성이란(비록 사망 증명이 연장된 경우도 종종 있었지만) 놀라울 따름이다. 현재 미국 인구의 76%는 종교를 믿는다고 답한다. 3%는 무신론자, 4%는 불가지론자, 17%는 종교에 대해 특별한 생각이 없는 것으로 조사되었다. 2016년 미국의 잠재적 유권자들을 대상으로 한 설문에서 응답자의 42%가 신의 존재를 부정하는 후보를 대통령으로 뽑지 않겠다고 답했다. 하지만 우스벡이 관심을 두는 부분은 설문의 결과가 아니다. 그는 인간 지능이 어떻게 진화해 왔는지를 알고 싶고, 축의 시대가 진화 과정에 얼마나 큰 영향을 미쳤는지 알고 싶을 뿐이다. 이런 의도를 알고 있는 우스벡의 기억은 우스벡에게 도움이 될 만한 전문가들의 의견을 수집했다.

멀린 도널드Merlin Donald, '축의 시대는 인간성이 메타 인지라고 하는 기술을 운영하고 감독하는 능력이 진화적으로 크게 도약한 순간으로 간주할 수 있을 것이다.'

이 말에서 자기 자신의 정신 과정에 대해 성찰하는 능력을 이해할 수 있다.

- 위트록Wittrock, '성찰의 시대는 우주 공동체의 종교적 문명과 비전의 기원이다.'

- 마르셀 고쉐Marcel Gauchet 또한 역사를 양분하는 전환점이라고 피력했다. 그러나 고쉐는 축의 시대를 또 다른 불연속성을 암시하는 국가의 출현과 관련짓는다.

- 윌리엄 맥닐William McNeill과 유발 하라리는 덜 부족적인 종교의 탄생이 암시하는 전진, 즉 보편성을 향한 진보라고 지적한다.

- 로버트 N. 벨라Robert Nelly Bellah에 따르면 축의 시대의 종교는 다섯 가지 변화를 공유한다. 첫째 새로운 '나의 도시', 둘째 책으로부터 나온 종교의 출현, 셋째 희생의 종말, 넷째 공민 종교에서 공동체 종교로의 이전, 다섯째 지적 대가에서 영적 대가로의 변모 등이다.

종교가 인류 진화를 위해 어떤 기능을 담당했는지 우스벡은 마치 눈앞에 펼쳐진 그림을 보듯 생생하게 느낀다. 그는 종교로 인해 인류가 동물성을 탈피하고 진정한 인간으로 거듭나는 변화의 속도가 빨라졌다고 생각한다. 말하자면 심리적 기중기 역할을 한 것이다. 희망, 안전성, 사회적 응집과 같은 가치를 제공했음은 거듭 말할 필요도 없다. 그렇지만 이와 같은 종교의 성공적인 일면에는 사피엔스의 상승 기세가 공헌했다는 것이 우스벡의 생각이다. 기중기는 물리적으로 무게를 들어 올리는 메커니즘이다. 그러나 심리적으로는 인간이 지식과 비전, 창조적 능력을 고취할 수 있도록 해 주는 인간적 창조물이라 할 것이다. 종교는 사피엔스가더 높은 현실을 믿고, 그것에 가까이 살 수 있게 해 주는 인간적 창조물이다. 우스벡은 완벽하거나 선하거나, 또는 절대적인 존재에 대한 확신이 사피엔스에게 비교의 기준, 또는 모방하고 싶은 목표 대상으로 작용했을 거라 생각했다. 나사렛 예수는 이러한 특성을 복음서에 한 구절로요약했다. '신이 그런 것처럼 너희도 완전하라.' 이뿐만 아니라 모든 종교가 인정하는 원칙인 '황금률'의 보편성으로 구현된 정의, 동정 그리고 조화를 추구하는 주장에서도 볼 수 있다. '네가 하기 싫은 일은 다른 사람에게도 시키지 말라.' 나는 우스벡의 '심리적 기중기' 이론이 흥미롭고 묘하다고 생각해서 그 이론의 가치를 조사해 보았다. 그중 인류학자인 모리스 블로치Maurice Bloch의 주장이 내 관심을 끌었다. 블로치는 우리의 진화역사에서 인류가 가진 가장 구별되는 특징 중 하나로, 우리 인간이 동종과 상호작용하는 '거래적 존재'에서 '초월적 존재'로 변했다는 것을 말한다. 우리는 엄격한 경험과 물리적 현실 이상의 것에 기반을 둔 역할과 규칙을 가지고 있고 그것을 바탕으로 상호작용한다. 이 역할과 규칙을 만들어 내는 것은 바로 우리의 상상력이다[M. Bloch, 「Why religion is nothing special but is central」, Philosophical Transactions of Royal Society B: Biologial Sciences, 363, 2008, pp. 2055-2061]. 인간 종이 인간다워지는 데 핵심 역할을 하고 신성한 존재뿐만 아니라 조상이나 국가와 같은 추상적 창조물을 포함하는 수직적 관계를 상상할 수 있는 이 능력은 일상적인 것을 파괴

하는 하나의 수단이었을 것이라는 게 블로치의 의견이다. 그러한 능력이 바로 초월이라는 것이다.

화살이 말했다.
"난 올라가지 못하면 떨어지고 말아."

우스벡은 '심리적 기중기' 이론에 만족감을 느꼈다. 스스로 '영적 즐거움'이라는 명칭을 붙인 감정을 경험했다. 이 경우에는 다양한 현상을 명확히 밝히는 개념을 발명하는 쾌락이라 할 수 있다. 이번에는 상징적으로 스스로 지어지는 기중기, 즉 자기 구조를 들어 올리려고 다른 기중기를 쓸 필요가 없는 기중기에 특히 관심이 갔다. 그의 기억이 재밌는 은유적인 이야기 한 편을 끄집어냈다. 독일 악당 소설의 주인공인 뮌히하우젠 남작 이야기다. 남작이 길을 가던 중 실수로 늪에 빠졌는데 자기 머리카락을 잡고 위로 던져 늪에서 빠져나왔다는 일화가 있다. 우스벡은 이러한 행동이 인간 지능과 똑같다고 생각한다. 전문가들은 그러한 행동을 자가 생산적, 즉 스스로 형성되는 것이라고 말한다. 필드노트를 보면 이 개념을 확장해야 한다고 적혀 있다. 우스벡에 따르면 한 사회는 심리적 기중기 — 우리의 경우 절대적인 존재, 신적인 존재, 완벽한 존재, 인간적 완벽함의 모델 — 를 구축하고 있으며, 집단의 구성원들 각각은 그것을 사용한다. 우스벡의 기억은 계속해서 흥미로운 사례들을 제시한다.

- 모든 문화에는 공간에 대한 상징체계가 있다. 즉 높은 것은 좋으며 낮은 것은 비참하다는 것이다.
- 플라톤은 『향연』에서 이런 말을 했다. '이곳의 세상은 천상 위에 있는 그곳에 비하면 심상이며 부패이고 부족함이다. 인간은 오직 그곳에서 아름다운 것을 볼 수 있으며 우수함을 흉내 내는 것이 아니라 진정한 우수함을 일으킬 수 있으리라는 것을 정녕 깨닫지 못하는가?'
- '인간의 정신은 상층부의 신이나 도덕적으로 완벽한 존재로 시작해, 천사와 인간, 그리고 인간 이외의 동물에서 괴물과 귀신, 그리고 종국에는 악마 또는 완전한 악까지 내려가는 사회 공간의 수직적 계열을 자동으로 인식한다. 이는 선천적으로 마련된 생각일 수도 있다.'[조너선 하이트, 『바른 마음』, 웅진지식하우스, 2014]
- 크리스천 헥Christian Heck은 『천상의 사다리』에 이렇게 썼다. '천상의 사다리는 특정 주제를 구축하고 있다. 그것은 미르체아 엘리아데Mircea Eliade와 질베르 뒤랑Gilbert Durand이 이미 그 보편성을

입증한 바 있는 위대한 상승에 관한 주제에 포함된다. 천상의 사다리는 날고자 하는 꿈과 바슐라르(『공기와 꿈』)가 제시한 '날개의 시학'을 공유한다. 피터 그리너웨이^{Peter Greenaway}는 '날개의 시학'에 영향을 받아 '구름 소음'을 주제로 한 오래된 데생 컬렉션을 구성하기도 했다. 그러나 사다리는 비행, 또는 비유적으로 마차를 타고 승천하는 것이 아니다. 단지 어떤 수직적인 축이 있다고 가정하는 것이다. 그것은 오히려 기둥이나 밧줄, 또는 나무를 오르는 것과 비슷하다. 실제로 존재하며, 높이거나 낮출 수 있고, 다른 경지를 연결하고, 때때로 세계축^{axus mundi} 개념과 연결되는 지지대이다.'

트윗47.

인간들은 왜 천사를 생각하는가?

우스벡은 이제 '인간들은 왜 천사를 생각하는가'라는 질문
에 대한 대답을 찾은 것 같다고 느낀다. 그는 종교가 인간에게 유일한 심
리적 기중기 역할을 한다고 생각하지 않는다. 더 높은 세상, 현실의 변형
을 다루는 예술도 종교와 같은 기능을 발휘할 수 있기 때문이다. '환희',
신에 의해 소유되었다는 느낌은 종교와 예술이 공통으로 줄 수 있는 경
험이었다. 그리스 문화는 이 고답적인 분야에서 선함과 아름다움, 그리
고 진실을 통합했다. 이는 인간을 고취하는 세 가지 열망이다. 피타고라
스는 자신이 발견한 정리로 특히 유명하다. 그렇지만 그는 영혼은 오직
정화를 통해서만 육체라는 무덤으로부터 자유로워질 수 있다고 생각한

신비주의자였다. 플라톤도 그와 비슷하게 생각했다. 아름다운 신체를 사랑하는 마음은 이데아적 아름다움을 사랑하는 마음으로 바뀔 수 있다고 말했다. 플라톤의 주장은 수 세기가 지나 성 아우구스티누스가 기독교로 개종할 때 언급할 정도로 영향력이 강했다. '오, 이토록 오래되고 이토록 새로운 아름다움이여, 내 너를 뒤늦게야 알아보았네. 내 너를 뒤늦게야 사랑했네.' 그로부터 또 수 세기가 흐른 뒤인 19세기에, 철학자 헤겔은 그의 생각을 한 구절로 표현했다. '예술의 종말은 절대정신의 감각적 현현'이라고 했다. 우스벡은 이 말을 이렇게 바꾼다. '예술은 우리를 절대자에게 데려다주는 기중기'라고.

우스벡은 음악, 그림, 이야기, 장식 등에서 사피엔스가 쾌락을 느끼는 이유를 설명할 수 없다. 모든 쾌락이 포상이라는 신경 체계와 연관되어 있다는 것은 알지만, 그 감정이 왜 생겨나는지는 모른다. 자연에서 인간들이 아름답다고 생각하는 현상(예컨대 꽃의 색깔이나 공작새의 꼬리 같은)들은 꽃가루를 실어 나르는 곤충이나 짝을 유혹한다는 목적을 가지고 있다. 이것이 예술에 매료되는 원인일 수도 있다. 이는 오래된 힌두교 신화의 주장이다. 브라마는 자연의 아름다움을 총동원해 우주와 인간을 창조했다. 그런데 그의 아내인 사라스와티는 그런 위업이 무색하게도 깊은 생각에 잠긴 채 슬퍼하는 브라마를 발견했다. 남편에게 슬퍼하는 이유를 묻자 브라마는 대답했다. "나는 아름다운 세계를 창조했소. 그런데 인간은 그 진가를 인정하지 않는다오. 아름다움의 가치를 인정하지 않는다면 지능이 무슨 소용이겠소?" 그러자 사라스와티가 대답했다. "인간들이 아름다움의 가치를 인정할 수 있도록 인류에게 예술이라는 선물을 전하겠어요." 그때부터 사피엔스는 아름다움을 경험하게 되었으며, 사라스와티는 인도에서 예술과 음악의 여신으로 숭상받고 있다.

우스벡은 자신이 좋아하는 이런 유형의 도약 중 하나를 지적했다. '사르트르와 영화'. 장 폴 사르트르는 지난 세기에서 가장 중요한 철학자 중 한 명이자 노벨문학상 수상자다. 사르트르의 주요한 사상 중 지나치게 낙관적이지 않은 하나는, 인간이 현실적인 것, 모든 종류의 끈적끈적한 인간관계에 침수되었다는 것이다. 그의 주요 작품 중에 『구토』가 있다. 현실에 대한 이 같은 부정적인 시각에도 불구하고 그는 스스로 매우 이상적인 사람이라고 말한 적이 있다. 실재의 빈곤 앞에 놀랍고 순수하며 완벽한 세계가 있었다고 믿었다. 이상적이지만 허구적인 생각들의 세계와 같은. 그는 자서전에서 어릴 적 극장에 다니기 시작하면서부터 그런 몽상을 가지게 되었다고 했다. 영화에서는 모든 것이 멋지고 해피엔딩이었다. 주인공들은 모두 멋지고, 남자와 여자가 사랑에 빠지고, 영웅은 폭포에 떨어질 뻔한 마지막 순간에 여인을 구했다. 그런데 극장에 불이 켜지면 마법은 온데간데없이 사라지고 사실성이 강제되었다. 거리에서는 모든 것이 상스러웠다. 그런 상태에서 『구토』의 주인공은 자살을 결심한다. 막 목숨을 끊으려던 순간에 〈Some of These Days〉를 부르는 걸걸한 흑인의 목소리가 들린다. 아름다움의 급습은 자신의 존재를 정당화할 수 있다고 그를 설득한다. "나는 추운 겨울 여행으로 완전히 얼어붙은 몸을 이끌고 따뜻한 방에 들어온 사람과 다를 바 없다." 대단한 건 아니다. 극도의 사실성이 파괴된 것일 뿐이다. 기중기가 작동한다.

보편적인 진리를 열망하는 과학도 기중기라 할 수 있다. 그리고 시간이 있는 이래로 계속되어 온 정의 탐구 또한 인간이 동경해 온 대상이다. 이 모든 것은 하나의 강력하고 항구적인 인간들의 동기, 유토피아의 발명으로 통합된다. '행복한 도시', 천국에 대한 갈망, 황금시대가 올 거라는 믿음 등은 인간의 마음을 현혹하는 생성 지능의 생각들이다.

트윗48.

나는 무엇을 알 수 있나? 나는 무엇을 해야 하나?
나는 어떻게 될 것인가? 나는 누구인가?

우스벡은 전문가들의 조언에 따라 두 번째 축의 시대는 단순히 종교나 미학적 현상이 아니라 정치·경제적 현상이기도 한 것으로 간주한다. 정치와 경제 두 방면에서 생명감에 대한 성찰, 보편성과 추상적 관념을 한 단계 더 끌어올리고자 하는 열망이 피어올랐다. 그래서 어떤 작가들은 그 시대를 '메타 인지 시대'라고 부른다. 이런 현상은 그리스, 로마, 중국에서 발생했다. 최초의 제국들은 순수한 권력의 확장으로써 나타났다. 그러나 그들은 결국 모든 침략적 제국주의가 수반하는 공포를 어떻게든 정당화해야 하는 임무를 스스로 부여했다. 알렉산드로스 대왕은 인류 통합이라는 임무를 제국에 도입했다. 플루타르코스는, 알렉산드로스 대왕이 그리스인만 인간이며 다른 모든 '야만인'들은 단순한 짐승이라고 한 스승 아리스토텔레스의 가르침을 일부러 거부했다고 기술한 바 있다. 로마는 알렉산드로스의 이상을 계승했으며, 페르시아인부터 인도인까지 동양의 통치자들에게도 같은 현상이 나타났다. 기원전 4세기 인도 마우리아 제국을 창건한 찬드라 굽타에게 창건 이념을 묻자 이렇게 대답했다. "아직 많이 젊은 알렉산드로스의 행적을 주의 깊게 지켜보았지."

정치는 윤리와 마찬가지로 합리화되고 있었다. 즉, 사적인 사실이 공유되고 정당한 사실로 대체되었다. 우스벡은 이 점을 매우 중요하게 생각했다.

 추론하는 것은 기계가 완벽하게 실행하는 프로세스처럼 단순히 논리적으로 생각하는 것이 아니다. 그것은 자기만의 확신이 입증된 확신으로 바뀌어 보편성을 가질 수 있도록 지능을 사용하는 행위다.

우스벡의 기억은 방대한 시 레퍼토리에서 매우 적절한 시 한 편을 제시했다.

 나의 고독 속에서
매우 선명한 무언가를 보네.
그러나 그것은 진실이 아닌 것을.

– 안토니오 마차도Antonio Machado

사피엔스는 지식 선상에서 보편성을 추구해 왔다. 행동, 규범, 법, 윤리 등 감정을 배제할 수 없는 영역에서도 그래 왔다. 그리스에서 공공의 문제는 공회에서 다루었다. 사법 절차는 증거 대조로 이루어졌다. 아테네가 민주주의와 과학, 철학의 요람이라는 명성을 얻게 된 것도 우연은 아니다. 스토아학파와 에우클레이데스가 그 안에서 공존하지 않았던가. 나는 무엇을 알 수 있나? 나는 무엇을 해야 하나? 나는 어떻게 될 것인가? 나는 누구인가? 로마는 사피엔스가 이러한 성찰의 문제를 해결하고 자기 내면을 탐험하기 위해 떠난 위대한 모험에 한 발 더 나아간 사례였다. 로마는 그리스를 숭배했다. 그렇지만 그리스가 가졌던 이상 세계에 대한 아이디어를 현실 세계로 가져온 것은 로마였다. 로마인들은 로마를 하나의 신화, 하나의 선교회로 변모시켰다. 그들은 성찰하고 권력을 조직했다. 그들이 다스려야 했던 사회는 아테네처럼 작은 도시가 아니라 백만이 넘는 인구가 사는 로마였다. 로마는 제국의 수도였으며, 동서로 5,000km, 남북으로 3,000km에 달하는 규모였다. 그 당시 만들어진 사법 체계는 오늘날까지 지속되고 있어, 현대의 대학들은 로마법을 가르치고 있다. 로마인들은 그것이 한 사람의 작품이 아니라 점점 더 그 존재감을 더하고 있는 공유 지능, 즉 사회적 뇌의 창조물이라는 것을 인지하고 있었다. 키케로는 그 점을 분명히 했다. '우리 로마의 법이 지혜로운 이유는 한 사람이 만들어 낸 것이 아니라 많은 사람의 경험의 산물이기 때문이다.' 우스벡은 키케로의 말을 잘 기록해 두었다. 인간의 지능이 개인적인 것인지 집단적인 것인지 알고자 하는 자신의 의도와 관련이 있다고 생각했다.

나는 우스벡이 법과 정의와 관련된 모든 것을 철저하게 조사하는 모습에 감명을 받았다. 사회적 동물 세계에는 규범이 있으며, 규범은 복종의 대상이라는 것이 그들의 머릿속에 새겨져 있었다는 것을 우스벡은 알게 되었다. 그러나 인간 세계는 달랐다. 법은 로마 시민 사이에 일어나는 갈등, 외부인들과 일어나는 갈등을 해결하는 수단이었다. 모든 사람에게 공히 적용되는 '만민법'은 오늘날까지 유지되고 있는 창조물이다. 스토아학파는 인간은 자연에 따라 살아야 하며 자연에는 철학자가 알고자 하는 법규가 있다고 주장했다. 그런 주장을 근거로 탄생한 것이 '자연법'이다. 키케로는 '진정한 법은 곧고 자연스러운 이성이다. 로마법, 아테네법, 현재의 법, 미래의 법, 이런 개념은 없을 것이다(국가론, III, 33)'라고 했다. 이것은 우스벡이 알고 싶어 했던 이성적 보편성에 대한 개념이다. '자연법'은 힘이 유일한 법인 자연에는 존재하지 않는다. 그것은 인간의 지능에 있으며 더 나은 세상을 꿈꾸거나 그런 세상, 혹은 더 나은 자연을 만들어 낼 인간의 능력에 있다.

돈은 일종의 시다 _월리스 스티븐스Wallace Stevens

보편적 종교, 모든 사람의 법, 종교에 기반을 둔 일반 윤리
의 개요, 그리고 다양성의 조직으로서의 제국 등은 새로이 등장하여 세
상에 머물게 된 통합적이고 신중한 개념이었다. 돈이라는 또 다른 강력
한 상징체계도 그렇다. 우스벡은 사피엔스가 돈이라는 거대한 상징적 창
조물이 가진 실제 특성은 잊은 채 물질적이고 주변적인 가치에만 집중하
는 모습에 화가 났다. 돈은 어쩌면 언어 다음으로 가장 중요한 창조물일
지도 모른다. 돈으로 모든 현실을 처리할 수 있으며, 상업 관계에 들어갈
수 있는 현실 또한 돈이기 때문이다. 지폐는 그것으로 살 수 있는 모든 사
물을 나타낸다. 사물뿐만이 아니라 사람, 권력, 성, 명성, 문화도 마찬가지
다. 면죄부가 있던 시대에는 천국에 가기 위해 연옥에서 빨리 탈출하게
해 준다는 증명서까지 돈으로 살 수 있었다.

돈은 여러 시대, 여러 장소에서 발명되었다. 돈의 발전 과정에는 그다지 큰 기술이 필요하지 않았다. 그것은 순전히 심리적인 혁명이었다. 돈은 사람들의 공유된 상상 속에만 존재하는 상호주관적인 현실의 창조물을 의미했다. 신뢰가 바탕이기 때문이다. 기원전 600년경, 리디아에서 무게를 보증하려는 목적으로 금속 조각을 주조하기 시작했다. 여기서 또 평행한 발명이 발견된다. 화폐 주조는 중국 북부의 대평원, 갠지스 계곡, 그리고 리디아에서 각각 독립적으로 발생한 현상이다. 알렉산드로스 대왕의 군대는 12만이 넘는 군사들에게 급료를 주기 위해 매일 0.5톤의 은을 소비했다.

우스벡은 돈을 인간 지능의 은유적 대상물로 본다. 돈은 문제 해결에 사용하는 상징적 도구다. 돈은 그것과 다른 무언가, 즉 지불 수단으로써 제공하는 가치를 나타내기에 상징적이다. 스페인이 1899년에 독일에 팔아넘긴 태평양의 야프Yap섬에 사는 원주민들의 풍습을 보면 돈이 어느 정도로 신뢰성에 기반을 두는지 알 수 있다. 야프섬에는 금속이 없었다. 주민들은 다른 섬에서 가져온 페이Fei라고 부르는 큰 돌을 화폐로 사용했다. 그런데 페이는 너무 무거워서 가지고 다닐 수 없었다. 그래서 주민들은 페이를 받지 않고 기록하는 것으로 대신했다. 가장 극단적인 예는 이동하면서 물에 빠뜨려 침몰한 거대한 페이 사건이다. 아무도 그 페이를 본 적이 없지만 그것을 가지고 있던 사람은 더 이상 눈에 보이지 않는 화폐로도 거래를 성공적으로 성사시킬 수 있었다는 이야기다.

돈은 집단적 창조물이다. 작가가 없는 창조물이다. 돈은 매일의 거래에서 만들어지고 단단해졌으며 수십억 건이 넘는 교환을 하며 의미를 공고히 해 왔다. 우스벡은 인간이 돈의 유용성이 지닌 가치에는 중요성을 부여하지만 돈을 발명해 낸 지능에 대해서는 깊이 생각하지 않는 것이 이상하다고 생각한다. 돈은 미터와 같은 측정 단위이기 때문에 높은 수준의 추상화를 요한다. 다시 말해, 물물 교환을 할 때처럼 교환의 기능이 있는가 하면, 모든 사물로부터 분리된 가치를 측정하는 단위가 되었다(우스벡은 바로 이 점이 놀라웠다). 돈은 어떤 사물이든 대신할 수 있다는 점에서 순수하게 하나의 상징이다. 그래서 매우 일상적이기도 하다. 가격을 계산해 주고, 거래 중개인 역할을 하고 저축도 할 수 있다.

돈은 사피엔스가
허구 속에서 살고 있다는 증거다

　　우스벡은 돈을 지능의 전형적인 예시로 간주한다. 돈은 하나의 발명된 상징이며, 문제를 해결하는 데 쓰이고, 그 자체로 상징이기에 지능이라는 상징에 대한 상징을 확산하고 생성한다. 전체 금융 시스템은 모든 정치 시스템과 마찬가지로 허구가 기반이다. 중국은 지폐를 제조하기 시작했다. 지폐는 한 단계 높은 추상화의 산물이었기에 마르코 폴로를 당황스럽게 했다. 지폐는 일종의 약속 어음이다. 스페인에서는 1976년까지 지폐에 해당 금액과 함께 '스페인 은행은 소지인에게 출급한다'라는 문구가 새겨져 있었다. 즉, 지폐는 스페인 은행이 일정 금액의 지폐를 소유한 사람에게 진 채무 인증서 같은 것이었다. 만약 누군가가 은행에 자신의 채무를 요구하러 갔다면, 은행은 그 사람에게 어떻게 돈을 지불해야 했을까? 페세타를 도입했던 1869년도의 법에 따르면, 1페세타는 법정 순은 0.005kg에 달했다. 그러니 100페세타 지폐였다면 은행은 순은 0.5kg을 지불했어야 했다. 그러나 그런 일은 일어나지 않았다. 지폐는 명목상의 어음이었기 때문이다. 국가가 지불 수단으로 승인한 것을 제외하고는 어떤 것도 그에 상응하지 않았다. 당시 스페인 은행이 할 수 있는 일은 다른 종류의 화폐(그 역시 약속 어음인)로 교환해 주는 것밖에 없었다.

다른 모든 상징체계와 마찬가지로 돈도 우스벡이 필수적인 진화법이라고 생각하는 규칙을 따라 스스로 확장하는 경향이 있다. 정교한 금융 도구가 나타났고, 명목상의 돈은 늘어났다. 세상에 얼마나 많은 돈이 있는지 아는 사람은 없다. 이전 단계 파생물의 뒤를 이어 여러 수준의 '파생물'이 나타났기 때문이다. 앨런 그린스펀이 말한 '비이성적 과열' 현상이 설명되는 부분이다. 우스벡은 이것을 인간의 지능, 영원히 만족하지 않으며 과장된 동물의 지능이 즉흥적으로 작동하는 방식이라 생각했다. 2008년 지구라는 행성의 경제는 허구의 무게로 쇠약해져 거의 목숨을 잃을 지경에 이르렀다.

 우스벡의 기억은 인류가 정기적으로 경험했으며 경제학자들이 '가장 멍청한 법'이라는 별칭을 부여한 법에 따라 절정에 이르렀던 금융 거품 자료를 꺼내 놓았다. 거품은 돈을 지불할 멍청이가 더 이상

없어질 때까지 부풀어 오른다.

우스벡은 필드노트에 돈에 관한 자신의 결론을 적었다.

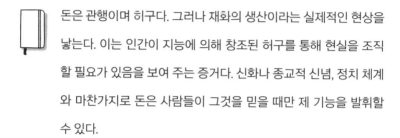

돈은 관행이며 허구다. 그러나 재화의 생산이라는 실제적인 현상을 낳는다. 이는 인간이 지능에 의해 창조된 허구를 통해 현실을 조직할 필요가 있음을 보여 주는 증거다. 신화나 종교적 신념, 정치 체계와 마찬가지로 돈은 사람들이 그것을 믿을 때만 제 기능을 발휘할 수 있다.

마지막 구절은 명확하다. 1세기에 로마 화폐에 대한 믿음은 상당히 커서 로마로부터 수천 km 떨어진 인도에서도 수용될 정도였다. '데나리우스'라는 로마 화폐 단위는 화폐(돈)를 뜻하는 일반 명사처럼 쓰였다. 아랍의 칼리파들은 데나리우스라는 명칭을 아랍식으로 바꾸고 돈을 주조했다. 이후로도 데나리우스는 다른 많은 국가에서 공식 화폐의 명칭으로 쓰였다.

이제 돈에서 지능의 위대한 은유를 보기 시작한 우스벡은 연구를 계속했다. 돈으로 인해 지능이 만들어 낸 최고의 창조물 중 하나인 상업이 흥했다. 그러니 역사가 투키디데스가 야만인들은 상업 활동을 하지 않았다고 말한 것

은 일리가 있다. 우스벡도 상업의 중요성을 인정한다. 상업은 힘을 들이지 않고 다른 이의 욕망과 거래하여 자신의 욕망을 만족시킬 수 있는 방법이기 때문이다. 우스벡의 관점에서 보면 게임이론에서 '포지티브섬 게임'이라고 부르는 이러한 '윈윈' 전략이야말로 인간 지능의 훌륭한 창조물이었다. 그는 이것이 황금률, 민주주의에 대한 명상, 보편적 정의의 법칙, 보편적 윤리 가치 등과 함께 두 번째 축의 시대에서 길어 올린 가장 큰 성과 중 하나라고 생각했다. 성취한 모든 것은 사회적이었다. 우스벡은 노트에 적었다.

 어쩌면 사회의 행복이란 특정 규칙을 준수하면 모두가 승자가 될 수 있는 시스템을 확립하는 조건에서만 얻을 수 있는 건지도 모른다.

그는 만족하며 공책을 덮었다.

마인드맵 7

241

위대한 영적 혁명

두번째 축의 시대 ─

기원전 750년
↓
기원전 350년

사피엔스가 종교, 정치, 경제적 영역에서 자기 자신에게 회귀하는 거대한 움직임이 있었다.

오늘날까지 지속하고 있는 대종교들이 이때 나타난다. 대종교의 출현은 사피엔스의 **인간다워짐**을 의미한다.

메타 인지 능력의 진화적 도약이 일어난다.

심리적 과정에 대한 성찰

사피엔스가 예술을 통해 느끼는 즐거움은 보상이라는 신경 세포 체계와 관련이 있다.

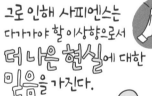

예술 또한 우리를 절대자에게 인도하는 심리적 ➤**기중기**◄ 역할을 한다.

그로 인해 사피엔스는 다가가야 할 이상향으로서 **더 나은 현실**에 대한 **믿음**을 가진다.

종교는 인류에게 지식, 비전, 사회적 응집력을 고취할 수 있도록 해 주는 **심리적 기중기** 역할을 했다.

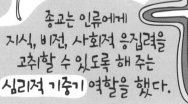

아테네는 민주주의, 학문, 철학의 요람이었다.

보편적인 확실성을 확립하는 데 **이성**이 활용되었다.

알렉산드로스 대왕은 인류 통합이라는 이상을 도입했다. 이후에 로마, 페르시아, 인도에까지 영향을 미쳤다.

마케도니아

그리스

메소포타미아

이집트 ◦ 시리아 ◦ 페르시아 ◦ 인도

자연에는 없는 **자연법**이 등장했다. 자연법에서는 힘이 아니라 지능이 우선한다.

정치

사피엔스의 이 거대한 모험에서, 신화와 미션 속에서 인구 1백만이 넘는 도시로 탈바꿈한 로마는 이상 세계에 대한 아이디어를 현실 세계로 가져왔다.

많은 사람과 공유 지능의 창조물이 로마법을 탄생시켰다.

신화와 정치와 마찬가지로 돈 또한 그것에 대한 **믿음**이 있을 때에만 기능한다.

다른 거대한 **상징체계**인 돈에 관해서도 같은 현상이 발생했다.

여러 차례 발명되었다는 것은 **평행한 발명**을 의미한다.

돈은 실질적인 부를 만들어 내는 **허구**다.

경제

다른 모든 상징체계와 마찬가지로 돈은 확장되었고 더 정교한 금융 장치가 나타났다.

지폐는 사물, 사람, 권력, 문화, 심지어 면죄부까지… 어떤 것이든 대신할 수 있다.

중국은 종이에 화폐를 제조하기 시작했다. 이는 한 단계 높은 **추상화**의 산물이다.

8

피조물에서 창조자로

세 번째 축의 시대

세 번째 위대한 전환점은 반항심이었다

우스벡이 발견한 이중 지능 모델에 한 가지 결정적 요소가 있긴 한데, 아무도 눈치채지 못하고 지나치곤 한다. 폭넓고 뛰어나며 풍부하고 창조적인데다 긍정적이기까지 한 생성 지능을 보유한다는 것은 누구에게나 설레는 일이다. 그런데 그런 생각을 선택하는 능력 또한 폭넓고 뛰어나며 풍부하고 창조적이어야 한다는 것을 이해하는 사람은 별로 없다. 그것은 아이들은 아직 얻지 못한 것, 정신질환자들은 잃고만 것, 광신자들은 실행하지 않는 무엇이다. 관리 지능의 기능 중에는 인간의 행동을 유발하는 사건들과 욕망, 행동, 활동 제안 등을 검열하는 세관원과 같은 역할이 있다. 적절한 해결책은 받아들이고 부적절한 해결책은 버리는, 말하자면 '자연선택'과 유사한 역할이다. 관리 지능이 실시하는 선별 과정은 관리 지능 스스로 채택 또는 구축한 평가 기준에 근거하기에 더 까다롭다. 그런데 선별의 효과는 크게 다르지 않다. 모두 진화를 이끈다는 점에서 비슷하다.

그렇다면 세관원이 휴가를 떠나면 어떻게 되는가? 우리는 이미 알고 있다. 무엇이든 무사통과다. 우스벡의 기억은 관리 통제에 들어가지 않은 병리학적 사고의 사례를 제시한다. 예를 들어, '사고의 지리멸렬'이라는 사고 장애는 사고가 일관성 없이 한 주제에서 다른 주제로 계속 옮겨가는 것으로, 관찰자에게 개인적 체험에 변화무쌍한 혼란이 있다는 인상을 준다. 정신병적 행동 또한 세관원의 부재에 관한 예라 할 수 있다. 이런 경우는 제어 기준이 없기 때문에 발생한다.

이처럼 우스벡이 이미 감지한 영향들이 짝을 이뤄 나타난다. 즉, 주체의 두 아바타, 원하는 아바타와 통제하는 아바타 사이의 갈등이다. 욕망은 어떤 목표를 희구하고, 관리 지능은 그것을 자신만의 기준으로 비교한 뒤 받아들이거나 거부한다. 심리학자들은 이러한 비교 메커니즘의 존재를 주장해 왔으며, 충동을 억제하는 힘이 지능적인 행동의 전제 조건이라고 주장한다. 예컨대 어떤 개인이 술을 마시고 싶은데 그의 관리 지능이 마시지 못하게 한다. 차를 운전해야 하기 때문이다. 위대한 수학자 푸앵카레가 말하길, 수학적 창조는 무의식적이지만 창조된 이후에는 의식적으로 평가되어야 한다고 했다. 한 예술가는 수많은 창조적인 생각에 참신함이라는 기준을 적용한다. 노벨문학상 수상자인 T.S. 엘리엇은 이렇게 썼다. '어떤 작가가 작품을 지을 때 가장 많은 시간을 할애하는 작업은 아마도 비평하는 일일 거다. 그것은 만들어 내고, 생략하고, 수정하고, 시험해 보는 과정이다.' 선택 메커니즘이 없는 언어적 생산은 다변증이라는 병리학적 현상을 일으킨다. 자기만의 선택 기준을 만드는 것은 창조자의 위대한 창조물이다. 창조자는 그것을 개인화하기 때문이다. 랭보는 'J'ai seul la clef de cette parade sauvage'라고 썼다. '오직 나만 시적 생각이라는 원시적인 행렬의 열쇠를 가지고 있다'는 뜻이다. 이는 선

택 기준의 품질을 결정하는 종교, 도덕, 정치적 창조물에도 적용할 수 있
는 말이다.

트윗52.

지능의 가장 고등한 창조물은 선택 기준이다

       우스벡은 생각을 조금 가다듬는다. 관리 지능이 행동을 제어한다면, 선택 기준은 가장 높은 위계를 차지하는 메커니즘일 것이다. 은유법을 대입하자면, 그것은 세관원이 받아 적용하는 규칙이라 할 수 있다. 이 규칙은 제어를 담당하는 사람을 제어하게 된다. 그래서 사회 체계는 언제나 그러한 선택 기준을 정하여 사람들에게 영향을 미치려 해 왔다. 지능의 역사는 이처럼 선택 기준의 진화를 보여 준다. '똑똑하다는 것'에 대한 아프리카의 한 부족 문화가 가진 개념과 미국 대학생들이 가진 개념을 비교한 한 연구에서 두 비교군의 차이점은 평가 기준인 것으로 드러났다. 미국 대학생들에게 지능이란 사고 능력이며 높은 수준의 지식 능력이었다. 그런데 아프리카 부족민들에게 지능이란 사회와 협력하는 능력을 뜻했다. 서양 문화는 모든 것의 위에 진리와 자유라는 가치를 두고 그러한 가치가 효력을 발휘하도록 교육 메커니즘을 구축했다고 우스벡은 생각한다. 그런데 진리와 자유 대신 선함이나 정의를 교육의 기본 목표로 삼았다면 어떻게 되었을까?

규범은 관습적으로 사회가 정하거나 따르게 한다. 관리 지능은 집단이 실시한 길들이기의 산물이었으므로 예상할 수 있는 일이다. 마거릿 미드는 멜라네시아의 한 마을에 살고 있을 때 일어났던 폭력적인 죽음에 대해 말한 적이 있다. 미드가 부족 구성원들에게 그 사건에 대해 묻자, 어떻게 생각해야 하는지, 그리고 무엇을 느껴야 하는지에 대해 부족장이 아직 아무런 말도 하지 않았기 때문에 아직 모른다고 대답했다. 그리스처럼 개인의 이성에 가치를 부여했던 문화도 크게 다르지 않았다. 소크라테스는 자신에게 내려진 사형 선고에 대해 결백했음에도 불구하고 반역하지 않고 선고를 받아들였다. 소포클레스의 비극 『안티고네』에서 주인공은 혈육의 정 때문에 도시의 법을 어기려 한다. 주인공은 독자적이라고 비난받는다. 우스벡은 이 부분이 의아했다. 현대 사회에서 사피엔스는 독자성(자주성)을 중요한 지향점으로 삼기 때문이다. 우스벡은 연구해 볼 가치가 있는 진화의 일

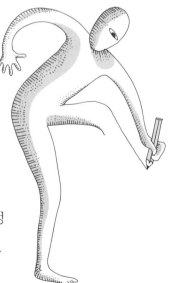

면이라고 생각했다. 독자성을 거부하던 때부터 그러한 가치를 열심히 추구하게 되기까지 인간 지능이 고려되는 방식에 어떤 변화가 있었나?

스스로 이런 질문을 하면서 우스백은 세 번째 축의 혁명을 발견하게 되었다. 그것은 유럽이 역사의 주역으로 등장한 시기와 때를 같이 하며 '현대'라고 불린다. 첫 번째 축은 진 세계에서 동시에 일어났다. 두 번째 축은 유라시아 대부분의 지역에서 발생했다. 그리고 세 번째 축은 지역적으로는 유럽에서 나타났지만, 그 영향은 가히 전 세계적이었다. 공통의 기준에 굴복하는 것에 익숙해진 인간의 지능은 자신을 자족적이며 자유로운 존재라고 선언한다.

인간은 피조물에서 창조자로 변모한다

중세 유럽의 시민들은 정치적으로는 신하, 종교적으로는 신자로서 살았다. 말하자면 정치적 양 떼, 종교적 양 떼로 살았다. 이 두 영역이 때를 같이한다는 증거는 1555년에 끔찍한 종교 전쟁을 끝내기 위해 열린 아우크스부르크 화의에서 개인은 군주가 선택한 종교를 따라야 한다는 결정이 내려진 데서 확인할 수 있다. 지금은 개인의 특권으로 여겨지는 것이 그 당시에는 군주의 결정에 따라 정해졌던 것이다. 정치와 종교 당국은 모두 그런 결정을 받아들였다.

이때 사회생활의 가장 큰 미덕은 복종이었다. 당시 유럽에서 가장 널리 퍼진 종교인 기독교는 원죄가 인간의 지능을 해쳤다고 주장했었다.

253

완전한 지식은 하느님에 의해 밝혀졌으며, 믿음으로 그것을 받아들여야 했다. 세 번째 축의 시대에 발생한 위대한 변화는 사피엔스가 자유롭고 자주적인 존재로 자신을 인식하며 반란을 일으키기 시작했다는 것이다. 이는 르네상스 시대부터 시작된 움직임이다. 그때 인문학이 성서와 구별 되는 것을 의미하는 휴머니즘이 나타난다. 이성이 신앙으로부터 독립한 다. 기독교 내부에서 일어난 개신교 개혁은 위계에 대한 반란이었다. 인 간은 신에게 닿기 위해 인간 중재자를 필요로 하지 않으며, 성경을 어떻 게 해석하는지 권위 있는 누군가가 말해줄 필요도 없다. 콜린 모리스Colin Morris는 '개인의 발견은 1050년~1200년에 발생한 가장 중요한 문화적 발전 중 하나였다'고 주장한다.

이때부터 자신을 '피조물'로 여겼던 인간이 자신을 창조자로 생각하게 되었다. 선례는 예술이다. 사피엔스는 자기 자신을 창조해 내야 했다. 우 스벡은 이런 행동에서 확장된 절차, 초월에 대한 열망, 인간의 오만의 정 점을 본다. 인문주의자 피코 델라 미란돌라Pico della Mirandola는 사람에 대 해 언급하면서 신을 말하게 했다. "천상계든 지상계든, 필사든 불멸이든 우리는 네가 너의 의지와 명예로 자유로울 수 있도록 했다. 그것은 네가 너의 창조자이자 건설자가 되도록 하기 위함이었다. 우리는 너에게 단지 네 자신의 의지로 자라고 성장할 수 있는 자유를 주었을 뿐이다." 조르다 노 브루노Giordano Bruno는 이렇게 말했다. "점점 더 동물성에서 멀어지면 서 점점 더 신성의 높이에 가까워지고 있다." 조르조 바사리Giorgio Vasari 는 자신이 숭배했던 화가들의 평전을 쓰면서 그들을 '필사의 신들'이라고 불렀다. 우리는 언어를 발명하는 데 200만 년이나 걸린 지능적인 원숭이 로부터 매우 멀리 와 있다. 이제 자기 자신을 창조자로 보며 원하는 대로 자신을 정의할 수 있고, 그렇게 함에 있어 완전히 자유롭다. 그것은 반항하는 인간, 프로메테우스의 승리다. 그리스인들은 그들이 가장 두려워했던 오만, 건방짐, 교만의 부재를 경고하려 했다. 신들을 두려워하지 않았던 프로메테우스는 그들로부터 불과 학예를 훔쳤다. 그로부터 몇 세기가 지난 뒤 알베르 카뮈는 현대의 인간을 반항하는 인간으로 정의했다.

그때까지 자만심은 큰 죄였다. 성서에서 사피엔스는 알고자 하고 신과 같은 존재가 되기를 열망하다가 에덴동산에서 쫓겨났다. 중세시대 신학자들이 내린 교만에 대한 판결도 정치적 동기를 지니고 있었다. 권력에 대하여 성스러운 해석을 내렸던 위계질서가 매우 강했던 시대에는 통치자가 권력자에 대한 반역을 신에 대한 반역으로 둔갑시키기 매우 쉬웠고 그렇게 하는 것이 여러모로 유용했다. 가장 큰 미덕은 최고 제정자인 신과 신의 대표자인 교황과 군주에게 순종하는 것이었다. 그런데 이런 시스템에 금이 가기 시작한다. 신에 의해 모든 인간의 마음속에 새겨진 자연법은 인간의 이성으로 대체되기 시작한다. 이러한 움직임은 교만의 또 다른 예시로 간주된다. 베르나르 드 클레르보Bernardo de Claraval는 저명한 논리학자 피에르 아벨라르Pierre Abélard를 '모든 것을 설명하려 한다'는 이유로 비난했었다. 그러나 지능의 해방 운동은 계속 앞으로 나아갔다.

만일 진리가 일종의 권력이었다면?

이제 이성적인 기준이 강요된다. 관리 지능은 이성적이지 않은 욕망이나 프로젝트가 행동으로 이어지지 않도록 막아야 한다. 그 기준의 핵심은 논리이며 논리의 법칙은 놀라운 주장을 한다. 지능이 진실한 전제에서 시작하여 논리 규칙을 적용하면 다른 진리에 도달하게 된다는 것이다. 논리는 훌륭한 발명품이지만, 엄격한 훈련을 요한다. 지능은 더 무질서하지만 축지법을 쓰길 좋아한다. 신화는 더 아름다웠고 마술은 더 희망적이었으며 신앙은 더 단순했다. 인간의 지능은 배와 사과처럼 실물을 다루는 데 익숙해서, 추상적인 방식으로 생각하기 힘들어한다. 그래서 아이들은 자신들이 아는 배나 사과 대신 x와 y라는 글자를 칠판에 쓰면 반항하기 시작한다. 게다가 인간의 지능은 끊임없이 유사성

을 찾으며 '마치 ~같다' 왕국에서 사는 걸 즐긴다. '이가 마치 진주 같다.'
'강들은 마치 지구의 정맥과 같다.' '양파는 마치 땅에 묻힌 유리병 같다.'
'아티초크는 마치 식물로 만든 갑옷을 입은 전사 같다.' 등등. 뉴기니 사
람들은 식습관에서 유사성과 관련하여 복잡한 금기 사항을 지키고 있다
[A. Meigs, 『Food, Sex, and Pollution: A New Guinea Religion』, Rutgers University Press,
New Brunswick, NJ, 1984].

그러나 지능을 이성적으로 사용하는 데에는 분명 장점이 있다. 아는
것이 모르는 것보다 낫고, 맞는 것이 틀리는 것보다 나으며, 논증은 연약
한 수용보다 낫다. 이 개념은 힌두교 사상에서 나왔다. 간디는 힌두교 전
통에서 '진실의 힘'을 의미하는 사티아그라하Satyagraha를 만들어 냈으며
그것으로 결국 승리했다. 아치를 정확하게 계산하지 않으면 다리는 무너
질 것이다. 만일 어떤 환자에게 귀신이 들렸다며 귀신 쫓는 의식을 행해
야 한다고 하면, 그 환자는 분명 죽을 것이다. 만일 합당한 이유를 요구하
지 않은 채 권력을 받아들인다면, 그 권력은 힘을 남용할 것이다. 길은 많
았지만 결국 같은 결론에 도달했다. 지능을 이성적으로 사용하면 모두를
위한 공통의 진리를 찾을 수 있지만, 다른 방식으로 사용하면, 예컨대 미
학적으로나 열정적으로, 또는 정치적으로나 종교적으로 사용하면 항상
불화가 생겼다.

그리스는 이 방면에서 큰 걸음을 내디뎠다. 인간의 갈등을 해결하는
방식으로 과학과 논리, 민주주의의 토대를 마련했다. 그 과정에서 사람
들과 싸우는 대신 주장들과 싸웠다. 알고자 하는 열정, 즉 철학은 신화에
서 멀어졌다. 과학은 공유된 경험과 제대로 된 추론, 반복된 확인, 실용적
인 적용에 기초했다. 이성은 더 나은 결정을 가능하게 했다.

관리 지능의 기준이 이처럼 확실하게 설정되면 생성 지능은 그에 적응하게 되며 교육을 통해 이성적으로 생각하는 습관을 유지하게 될 것이다. 그런 습관이 없다면, 또는 병으로 제어력이 교란되면, 정신 착란이나 지리멸렬, 부조리함이 나타난다. 그런데 그 정도가 매우 강하지 않으면 일시적으로 욕망이나 열정으로 대체되었다.

이성은 과학과 기술 분야로 확장되었고 과학과 기술은 경제와 동맹을 맺어 유럽의 승리를 예견했다. 우스벡은 조금의 오만한 의심도 없이, 역사의 실마리를 찾은 것 같은 느낌을 받았다.

왜 합리와 불합리는 서로 배워야 하는가?

다른 문화에서 지능은 다른 방식으로 진화했다. 그들은 지능을 이성적으로 사용할 줄 알았고, 인도에서는 논리와 수학에 대한 논문이 매우 일찍부터 나타났다. 그렇지만 이성이 가장 중요한 요소라고 생각하지 않았으며 자신의 생성 지능을 다른 방식으로 훈련했다. 우스벡은 힌두교의 명상 방법이나 논리와 거리가 먼 선禪 사상, 다양한 서양 및 중국의 사고방식에 대한 정보를 입수했다.

불교에서 연장된 힌두교 사상은 진정한 경험은 감각적이지 않으며, 따라서 그것을 근거로 한 모든 추론은 거짓 위에 거짓을 만드는 것일 뿐임을 확인함으로써 시작된다.

근본적인 경험은 절대자와 결합하는 경험이며, 이를 위해 이성은 그리 중요하지 않다. 우스벡은 우파니샤드와 불교 경전들을 연구했다. 모두 경험에 호소하며, 경험을 얻기 위한 길을 안내한다. 그러나 이성과는 거리가 멀다. 경험은 긴 훈련의 처음에 있지 않고(마치 서양 사상처럼) 끝에 있다. 신봉자들은 과학이나 진리, 지식이 아니라 깨달음, 즉 삼매Samadhi를 얻으려 한다. 삼매는 인도의 모든 영성에서 인정된다. 불교에서 그것은 부처 자신의 상태에 대한 발견이다. 힌두교에서는 일반적으로 신비로운 순간에 절대자인 브라마Brahma와 결합하는 것이다. 비슈누파에서는 신자가 비슈누신의 봄을 보는 심리적인 경험을 뜻한다. 자이나교에서는 개인적인 영적 실현을 말한다. 그러나 그들은 이러한 차이점이 환영과 같음을 인정한다. 절대자와의 결합에 열중하는 것이 아닌 모든 것은 환영이기 때문이다. 이를 '마야'라 한다.

우스벡은 이러한 종교들의 특성에 당황한다. 모두 개인적인 경험을 마지막 근거로 삼기 때문이다. 신봉자들은 신념을 강요하는 것이 아니라 경험하도록 북돋운다. 마치 산악인이 정상에 오르면 우주와 하나가 되고 완전한 행복감을 느낀다며 다른 사람에게 경험해 보도록 권하는 것과 비슷하다. 누군가는 이렇게 질문할 수 있다. "당신이 하는 말이 진짜인지 제가 어떻게 알죠?" 그러면 산악인은 이렇게 대답할 것이다. "올라보면 알죠." 우스벡은 회의적, 아니 불가지론적이다. 그런 경험은 실질적일 수는 있지만 심리 메커니즘에 의해 유발된 것이지 절대자와의 진정한 결합에 의한 것이 아니기 때문이다. 그렇지만 그 역시 정상에 오른 경험이 없으므로, 더 이상 언급하지 않는다.

한 가지 분명하게 말할 수 있는 것은 지능을 이성적으로 사용하기로 한 결정만큼 신비롭게 사용하기로 한 결정 또한 하나의 열망, 즉 행복해지기 위함이라는 것이다. 같은 목적지를 향하는 여정에 서로 다른 길을 택할 뿐이다.

 우스벡의 기억은 흥미로운 자료를 제시한다. 바버라 에런라이크 Barbara Ehrenreich는 고대의 집단 황홀경의 중요성을 연구한 바 있다. 예컨대 단체로 추는 춤에서 나타나는 현상이다. 에런라이크는 유럽의 경우 개인주의가 붐을 이루면서 그런 현상이 사라졌으며 더 이상 집단적인 즐거움을 추구하지 않게 되었다고 한다. 현대에 와서는 인기 있는 대형 음악 페스티벌 등 일부 경우에서만 그런 감정 상태를 경험할 수 있다[B. Ehrenreich, 『Una historia de la alegría. El éxtasis colectivo de la Antigüedad a nuestros días』, Paidós, Barcelona, 2008].

선 사상의 경험도 이성에서 분리되었다. 선 사상을 옹호하는 자들이 논리를 피한다는 것은 아니다. 그들은 논리가 그들을 환영의 세계에 묶어 두는 사슬이라고 생각하기 때문에 논리를 깨고 싶어 한다. 우스벡은 수백 건의 지식을 검토했다. 거기서 선의 대가는 부조리한 문제들을 통해 수련생이 진정한 현실에 대한 비전에 도달하도록 시도한다. 공안Koan은 명확한 뜻이 없는 질문일 수도 있다. 유명한 공안으로, '한 손바닥에서 나는 박수 소리는 무엇인가?' '태어나기 전의 본래 얼굴은 어떤 모습인가?' 등이 있다. 수행자는 모든 집중력을 총동원해 개념적 추론이 사라지고 직관적인 지혜인 반야지Prajñā가 떠오를 때까지 이런 질문에 대해 생각할 것이다. 이 같은 행동은 불교적 본성(일본어로 사토리 또는 켄쇼), 즉 깨달음을 가져올 것이다.

 우스벡의 기억보다 한발 앞서 내가 가지고 있는 정보를 꺼내 볼까 한다. 리처드 니스벳Richard Nisbett은 그의 저서 『생각의 지도The Geography of Thought』에서 서양인들은 더 분석적이며, 동양인들은 모순을 통합할 수 있는 더 종합적인 비전을 가지고 있다고 지적한다. 예일대학교의 보언과 젠츠는 지능이 숫자를 처리하는 방식으로 문화들이 서로 영향을 준다고 말한다. 그들은 뇌 공명을 사용하여 간단한 산술 문제를 푸는 중국어 사용자의 뇌 활성화를 다른 영어 사용자의 뇌 활성화와 비교해 보았다. 아라비아 숫자라는 같은 자극을 사용하지만 뇌의 다른 구역에서 활성화가 관찰되었다. 이에 학자들은 숫자를 생각하기 위해 신경 회로를 활성화하는 것은 문화적 요인에 달려 있다는 결론을 내렸다.

우스벡은 감정을 다룰 때 지능의 감정 구조 또한 다르다고 언급한 바 있다. 행복이라는 개념과 평가 기준 또한 변한다. 자유에 대한 욕망은 서양적이다. 동양인들은 자유로워지든 그렇지 않든 조화와 같은 다른 가치들을 더 중요하게 생각한다. 20세기의 가장 영향력 있는 심리학자인 B.F. 스키너가 이와 유사한 생각을 한다는 것이 우스벡은 매우 흥미로웠다. 자유라는 개념에 지나치게 매달리다 보니 복지와 평화를 얻기 위한 기술 실행이 힘들었다. 스키너가 과학 지식을 동원하여 쓴 소설 『월든 투Walden Two』는 자유라는 개념 없이도 행복하고 공정한 세상이 될 수 있음을 보여 주었다.

사실 힌두교도와 불교도는 모두 자유를 열망하지만, 추구하는 자유의 유형이 서로 다르다. 고통과 고뇌로부터 자유로워지고 싶고, 그러기 위해서는 거짓 현실과 환영, 마야에 묶여 버린 욕망으로부터 자유로워져야 한다. 그래서 그들은 사회, 경제, 정치적 자유에 대해 걱정하지 않는다. 그중 무엇도 진짜가 아니며, 따라서 중요하지 않은 것이다. 반면에 모든 서양 문화는 욕망의 강화 쪽으로 진화해 왔다. 이성은 그들을 만족시키려 기능하기 시작했다.

**사피엔스의 최고의 창조 행위는
자신을 종으로 재정의한 것이다**

　　　서양에서 지능은 지능의 이성적인 사용, 과학, 기술의 효
용성, 생산성이라는 길을 따라 진화했다. 르네상스 시대에 시작된 반란
의 움직임은 계몽시대에서 정점에 달했다. 칸트는 계몽시대를 인간 지능
이 가장 원숙한 나이에 도달한 시기로 정의했다. '계몽은 죄가 있는 불능
으로부터 인간이 해방되는 것이다. 불능이란 인간이 다른 사람의 도움
없이는 지능을 사용할 수 없는 상태를 뜻한다. 불능은 지능이 없어서가
아니라 자유에 대한 결정이나 가치 평가가 없는 것이기에 죄가 있는 것
이다. 사페레 아우데Sapere aude! 감히 알려고 하라!'

　우스벡은 이렇게 쟁취한 것들을 무척 존중하지만, 그의 관심을 끄는 것은 그보다 덜 평가된 다른 것들이다. 이성은 무지뿐만 아니라, 우리를 편협하고 잔인하게 만드는 광신주의로부터 우리를 보호한다. 볼테르는 광신주의를 온갖 정신 착란과 범죄를 일으키며 뇌를 좀먹는 병으로 봤다. 1792년 툴루즈 법원은 장 칼라스에게 아들 살해죄로 사형 선고를 내린다. 칼라스는 개신교도였다. 증인들에 따르면 칼라스가 아들의 가톨릭 개종을 막으려다 아들을 살해했다는 것이다. 법원은 두 차례의 고문이라는 처벌을 내렸다. 첫 번째 고문은 고백을 받아내기 위함이었고, 두 번째는 사형에 처하기 위함이었다. 그러나 그를 죽이는 것으로 충분치 않았다. 그의 사지를 탈구시키고 철 막대로 뭉갰으며, 목구멍에 물을 들이부었다. 그 와중에도 칼라스는 자신의 결백을 주장했지만, 그의 결백은 사형이 집행된 지 2년이 지난 뒤에야 비로소 인정되었다. 당시 볼테르는 법원의 결정에 반기를 들었다. 볼테르는 친구인 계몽주의자 달랑베르D'Alembert에게 보낸 서신에 이렇게 썼다. '어디에 있든 목소리를 높여라. 너희에게 간청한다. 칼라스를 위해 그리고 광신주의에 대항하여! 광신주의, 그것은 칼라스를 고통의 나락으로 떨어뜨렸다.' 칸트의 모토가 '속박에서 벗어나라'였다면, 볼테르의 모토는 '비열한 광신주의, 잔인함을 타파하라(Écrasez l'infâme)!'였다. 이처럼 계몽주의는 인도주의적 성격을 띠고 있었기 때문에, 체사레 베카리아Cesare Beccaria가 남긴 사법 공포에 대항한 작품은 매우 큰 영향력을 발휘하게 되었다. 타인을 불쌍히 여기는 것을 근본적인 미덕으로 여긴 것은 루소도 마찬가지였다. 계몽주의자들은 이처럼 늘 긴장 관계에 있던 진화의 두 분파를 통합하려 했다. 한쪽은 정의보다 지식을, 연민보다 권력을, 집단을 돌보는 것보다 자아의 확립을 강조한 반면에, 다른 한쪽은 정의와 연민, 공생에 더 역점을 두었다.

우스벡은 자신의 망루에서 이 두 가지 입장에 대해 생각해 보았다. 분명하진 않지만, 계몽주의자들이 세 번째 길을 찾았으며, 그것은 세 번째 축의 시대가 절정에 이르게 된 지능의 위대한 승리라고 우스벡은 생각했다. 그는 계몽주의에 의해 인정된 인간의 가장 큰 특권과 이전의 모델과 가장 결정적인 단절을 의미하는 특권은 알 수 있는 능력이나 느낄 수 있는 능력이 아니라 사피엔스가  스스로 법률을 제정하게 된 것이라 믿는다. 문자 그대로 '자치권Autonomía'을 가지게 된 것이다(규범을 가지다Nomos+자기 자신에게Autos). 이는 신들에게서 그러한 능력을 빼앗은 것을 의미했기 때문에, 그것을 엄청난 교만, 불경한 행동으로 보는 사람도 많았다. 창조적인 잠재력, 자유 등이 절정에 이르자 인간의 지능은 스스로 정립할 수 있게 되었다. 혹은 동물로 돌아가거나 정의되지 않은 채로 있거나 명확하고 자발적으로 자신을 정의할 수 있게 되었다. 어떤 의미에서 그것은 그가 발견한 지능 모델을 적용하는 것으로 구성되었으며, 거기서 관리 지능은 행동을 인도하는 역할을 담당했다.

계몽주의는 19세기에 미국과 프랑스에서 두 가지 큰 정치 혁명을 일으켰다. 이들 혁명에서 정치의 목적은 '공공의 행복'이었다. 프랑스 혁명가들은 '혁명과 함께 행복이 유럽에 도래했다!'고 외쳤다. 그러나 이는 사실

267

이 아니었다. 행복은 언제나 인간 행복의 지평선이었다. 분명한 것은 개인의 행복은 언제나 국가의 행복, 도시의 행복, 공동체의 행복 등 더 큰 행복의 틀 안에서만 성취된다는 것이었다. 그들은 고대 민족들이 느꼈던 집단 황홀경을 개인적인 즐거움을 보장한다는 전제하에 다시 느끼려 해 보았다. 하지만 성취하기 힘든 균형이었다. 그리고 행복을 추구하는 것은 가지고 태어난 충동이 아니라 하나의 권리라는 것을 생각했다.

 우스벡의 기억은 다시금 증거들을 제시하며 존재감을 과시한다.

- 버지니아 권리 장전(1776)에 따르면 인간은 '행복을 추구하고 획득할 권리가 있다.'

- 미국 독립 선언문은 엄숙하게 선언한다. '다음과 같은 사실을 자명한 진리로 받아들인다. 즉 모든 사람은 평등하게 태어났고, 창조주는 몇 개의 양도할 수 없는 권리를 부여했으며, 그 권리 중에는 생명과 자유와 행복의 추구가 있다.'

- 스페인 헌법(1812), '정부의 목적은 국가의 행복이다.'

- 이란 헌법(1989), '이란 이슬람 공화국은 모든 인간 사회에서 인간의 행복을 이상으로 삼는다.'

- 나미비아 헌법(1990), '생명과 자유와 행복을 개인의 권리로 인정한다.'

- 대한민국 헌법, '모든 국민은 인간으로서의 존엄과 가치를 가지며, 행복을 추구할 권리를 가진다.'

- 20세기의 위대한 법학자 중 한 사람인 한스 켈센Hans Kelsen은 이렇게 말했다. '정의를 추구하는 것은 영원히 인간 행복을 추구하

는 것이다. 인간은 스스로 행복이라는 목적을 달성할 수 없다. 그
러므로 사회 안에서 행복을 추구한다. 정의는 사회적 행복이며
사회 질서에 의해 보장된 행복이다.'

　첫 번째 축의 시대부터 줄기차게 이어 온 걸음이 이제 정점에 달한 듯
보인다. 두 혁명은 권리를 기반으로 새로운 세상의 여명처럼 나타났다.
위대한 시인 횔덜린은 '새로운 창조의 시간'에 대해 언급했으며, 칼 폰 로
텍Carl von Rotteck은 '우주 역사에서 프랑스 혁명만큼 큰 사건은 없었다'고
썼다.

　그때까지 사회 체계는 의무를 기반으로 만들어졌다. 신에 대한 의무,
군주에 대한 의무, 자연에 대한 의무 등등. 그런데 이제 중요한 것은 권리
이며, 권리를 받아들일 때만 거기서 의무가 파생된다고 혁명가들은 생각
했다. 우스벡은 미국 건국의 주역들이나 프랑스 의회의 구성원들이 헌
법을 제정했을 때 느꼈을 법한 열정과 비슷한 감정을 느낀다. 다시 한 번
'깨달음'을 느낀다. 겉으로 보기에는 한 국가의 헌법을 만든 것에 지나지

않지만, 실상 그들은 인류를 위한 헌법의 밑그림을 그리고 있었다. 사피엔스는 가슴을 옥죄던 밧줄을 끊어 내고 새로운 종이 되기로 결정했다.

새로움이 위대한 것은 몇 세기 동안 속박되어 있던 기본 권리를 인정한 것에 있는 것이 아니다. 그것은 모든 인간 종의 구성원들이 가지고 있던 것, 즉 존엄성을 인정한 데 있다. 우스벡은 사피엔스가 이 표현을 제대로 알지 못한 채 그저 반복하는 데 익숙해져 있다고 생각했다. 그것이 얼마나 신비롭고 창조적이며 기묘한지 깨닫지 못한 채 말이다. 인류의 전 역사에서 사람에게 가치를 부여한 것은 그의 행동, 장점, 직위의 존엄성이었다고 생각했다. 그런데 현재의 인간은 그렇게 생각하지 않는 것 같다. 그들은 존엄성이 행동에 관계없이 그 어떤 것에도 종속되어 있지 않기를, 모든 인간에게 내재해 있기를 바랐다.

그래서 '존엄성'이라는 개념은 오직 존재하는 것만을 연구하는 과학에서는 아무 의미가 없다는 점을 우스벡은 강조한다. 만약 과학만을 중시하는 세상이 다시 도래한다면, 존엄성이라는 개념은 사라질지도 모른다. 존엄성은 허구이기 때문이다. 신경학자, 생리학자, 동물학자들은 사피엔스를 매우 똑똑한 영장류로 정의한다. 그러나 그들의 어휘집에 존엄성 같은 가치 개념은 없다. 인간이 침팬지보다 더 존엄하다고 말하는 것은 그들에게 숫자 10이 숫자 7보다 더 존엄하다고 말하는 것만큼이나 황당한 소리다. 그럼에도 세 번째 축의 시대에 살았던 사피엔스는 인간의 존엄성을 인정하는 것이 인류의 더 나은 공생과 행복 달성을 위한 가장 똑똑한 해답이라고 생각했다. 태어날 때부터 존엄하다고 말하는 것이 아니라 마치 그런 것처럼 행동하는 것이 좋겠다는 것이다.

그렇게 순환은 끝났다. 야생에서 나온 겸손한 자연은 행복에 대한 끈

질기고, 또 때로는 잘못된 추구를 거친 뒤에 자기 주변을 선회하고, 보편적인 헌법을 통해 자신을 재정의했다. 보편적 헌법의 제1조는 이렇지 않을까?

우리 사피엔스는 지능을 부여받았으며, 역사의 경험에 주의를 기울이고, 우리의 이성을 비판적으로 신뢰하며, 고통에 대한 연민과 행복과 정의에 대한 욕망에 동요하여 우리 자신을 새로운 종, 즉 존엄성을 근본 특성으로 하는 존재로 인정하고 확인한다. 다시 말해, 우리는 나이, 성별, 인종, 국적, 종교 등에 따른 차별 없이 모두 그리고 인간 개개인의 본질적이고 보호 받아야 할 가치를 인정한다. 그리고 우리는 인간 존엄성이 소유와 상호 권리의 인정을 통해 실현됨을 확인한다.

우스벡이 지금의 우리 세상을 떠날 때는 새로운 축의 시대, 즉 '포스트휴머니즘 시대' 또는 '트랜스휴머니즘 시대'라 불리는 네 번째 축의 시대를 선포할 것이다. 그때는 인간이 과학과 기술을 통해 더 프로메테우스적이고, 더 효율적이며, 더 유쾌한 경지에 도달하리라고 예상한다. 불멸성, 행복, 초지능이 매우 가까이에 있다는 것이다. 생물학자 줄리언 헉슬리Julian Huxley는 이미 몇 년 전에 그런 미래의 밑그림을 완성했다.

지금까지 인간의 삶은 홉스가 묘사한 것처럼, 대개 '불쾌하고, 잔인하고, 짧았다.' 요절한 경우가 아니라 하더라도 대부분의 인간은 비참하게 살았다. 우리는 이런 가능성의 땅이 존재하고 우리의 존재에 대한 현재의 한계와 비참한 좌절이 대부분 극복될 수 있다는 믿음을 정당화할 수 있다. 인간 종은 원한다면 자신을 넘어설 수 있다. 한 개인은 여기서 이런 방식을, 다른 개인은 다른 방식을 택하는 산발적인 형태가 아니라 인류라는 전체에서 그런 일이 가능하다.

40년이 지난 지금, 낙관론자들은 생물학과 기술이 혼합된 새로운 인간 종이 등장하는 시대인 특이점이 도래할 것이라고 말한다. 그렇게 되면 우리는 진짜 '역사의 끝'에 도달하여 쉴 수 있게 될 수 있을지도 모르겠다.

우스벡은 그다지 낙관적이지 않은 것 같다. 인간의 위대한 모험을 연구한 그는 자신을 존엄성 있는 종으로 재정의한 것보다 더 강력한 아이디어를 발명해 내기 힘들 거라 생각한다. 우리 인간은 그것에 대해 한 번쯤 심각하게 생각해 봐야 하지 않을까? 인류에게 작별을 고하기 전에 말이다.

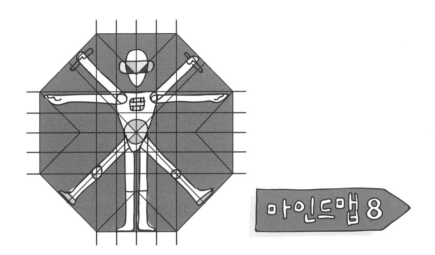

마인드맵 8

피조물에서 창조자로

이러한 생각들을
선택하는 것도
관리 지능이어야 한다.
똑똑하게 행동하려면
관리 지능이 없어서는
안 된다.

뛰어나고 창조적인
생성 지능을 보유한다는 것은
멋진 일이다.

생성 지능   관리 지능   기준

선택 기준은
자연선택과
마찬가지로 진화를
이끌었다.

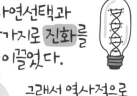

그래서 역사적으로
사회 시스템은
사람들에게 영향력을
행사하기 위해
기준이라는 것을
만들었다.

중세의 가장 큰 미덕은
순종이었다.
권력에 맞서는 것은
신에게 대항하는
것이나 마찬가지
였다.

이러한 대변혁은
세 번째 축의
시대를 대표한다.

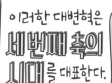

③
14~18세기 유럽

②
기원전 750~350년
유럽, 아시아

①
기원전 1만 년,
전 세계

이성적인 기준의
핵심은 논리다.
논리는 보편적
진실에 다가가는
방법이다.

그러나 현대에 와서
이성은 믿음으로부터
분리되었으며
사피엔스는 자신의
자주성을 선언한다.

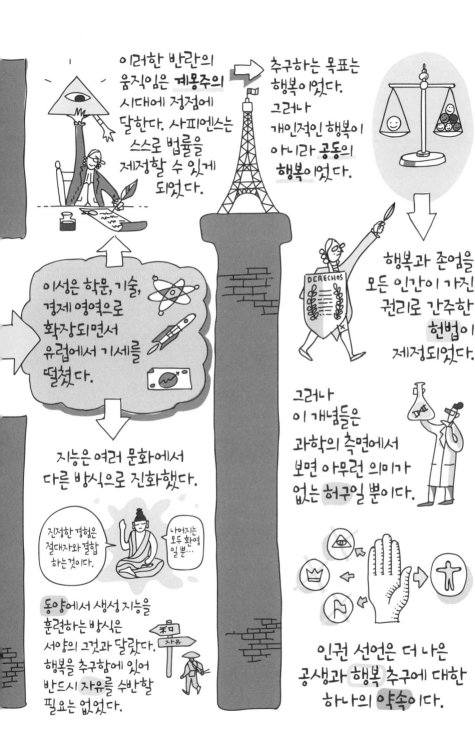

이러한 반란의 움직임은 **계몽주의** 시대에 정점에 달한다. 사피엔스는 스스로 법률을 제정할 수 있게 되었다.

추구하는 목표는 행복이었다. 그러나 개인적인 행복이 아니라 **공동의 행복**이었다.

이성은 학문, 기술, 경제 영역으로 확장되면서 유럽에서 기세를 떨쳤다.

행복과 존엄을 모든 인간이 가진 권리로 간주한 **헌법**이 제정되었다.

지능은 여러 문화에서 다른 방식으로 진화했다.

진정한 경험은 절대자와 결합하는 것이다.

나머지는 모두 환영일 뿐⋯

그러나 이 개념들은 과학의 측면에서 보면 아무런 의미가 없는 **허구**일 뿐이다.

DERECHOS

동양에서 생성 지능을 훈련하는 방식은 서양의 그것과 달랐다. 행복을 추구함에 있어 반드시 **자유**를 수반할 필요는 없었다.

취미
자유

인권 선언은 더 나은 공생과 **행복** 추구에 대한 하나의 **약속**이다.

네 번째 축의 시대

USBEK
우스벡

JAM
잼

트윗57.

현실을 이해하는 건
오직 가능한 미래에서만 가능한 일이다

　　　　우스벡은 외계인이 아니다. 우스벡은 미래에서 온 포스트 휴먼이다. 즉 발명된 존재다. 그렇다고 공상의 인물은 아니다. 오늘날 많은 작가가 하는 예언과 예견의 서술적 인격화라고 할 수 있다. 여기서 말하는 작가들은 소설가들이 아니다. 한스 모라벡Hans Moravec, 레이 커즈와일Ray Kurzweil, 에릭 드렉슬러Eric Drexler, 프란시스 후쿠야마Francis Fukuyama, 줄리언 바지니Julian Baggini, 뤽 페리Luc Ferry, 닉 보스트롬Nick Bostrom, 유발 노아 하라리, 니얼 퍼거슨Niall Ferguson, 로날드 베일리Ronald Bailey 등 과학기술, 사회학, 정치학 분야의 전문가들이다. 이 에필로그는 그들의 작품을 바탕으로 한다. 우스벡의 내레이션은 역사를 이야기하고자 하고 허구를 만들고자 하는 인간의 필요를 나타내고 있기에, 나는 우스벡이라는 가능한 미래의 화신과의 대화를 통해 가상의 방식으로 이야기를 마무리하는 것이 어떨까 생각했다. 모두 알고 있듯이 우리 사피엔스는 서사, 메타 서사를 좋아하니까.

　과학기술자들의 말이 맞다면, 우스벡 세대는 이미 태어났거나 지금 막 태어나려 하고 있다. 2050년경 새로운 인간의 축의 기점인 특이점이 도래하리라는 예측 때문이다. 그때쯤이면 의학과 유전 공학의 협업으로 인간의 생명이 연장될 것이며(낙관론자들은 불멸성을 획득하게 될지도 모른다고 예측한다), 인공지능이 빠르고 저렴한 방식으로 인간 두뇌와 상호작용하게 될 것이나.

지금보다 더 초지능적인 기계를 발명할 능력을 갖춘 초지능은 우리의 본성을 끝없이 확장하고 개선할 것이다. 첫 번째 축의 시대는 확장된 사회로의 전환을, 두 번째 축의 시대는 내면성을, 세 번째는 인간의 시각으로 본 과학과 기술의 승리를 의미했다. 그런데 우스벡의 시각으로 보면 사피엔스의 위대한 창조는 인간 종을 존엄성을 부여받은 동물로 정의한 것이다. 네 번째 축의 시대는 영구히 개선된 인류의 시대가 되기를 열망한다. 이 책의 이야기는 네 번째 축의 시대가 시작되는 지금 끝이 난다.

잼: 본론으로 들어가기 전에 한 가지 질문하겠습니다. 지금 저와 이야기를 나누는 상대는 당신인가요, 아니면 당신의 컴퓨터인가요?
우스벡: 이 시대에 일어난 가장 주목할 만한 변화 중 하나는 우리 포스트휴먼이 이제 그 둘을 분리할 수 없게 되었다는 것입니다. 당신네 인간들은 컴퓨터를 클라우드에 있는 정보를 찾거나 온라인 게임을 하거나 운영 프로그램을 사용하는 등의 용도로 사용하는 장비쯤으로 생각하지만, 우리는 다릅니다. 컴퓨터는 우리의 인격, 우리 개인의 기억에 대한 정보를 담당합니다. 이 책에서 나에게 정보를 제공한 기억은 추상적인 기억이 아닙니다. 다른 사람의 기억이나 다른 사람과 공유하는 기억이 아니라 온전히 나만의 기억입니다. 제가 어릴 때부터 형성되었기 때문이지

요. 좀 더 분명하게 말씀드리지요. 당신들은 인간 지능이 생물학과 기억의 합이라고 생각합니다. 우리도 같은 생각입니다만, 두 가지 다른 점이 있습니다. 생물학만큼이나 기억도 기술적으로 확장되었습니다. 기억에 대해서 말해 보지요. 저는 기억(우스벡의 기억, 그러니까 내 인격의 일부를 형성하는)을 뉴런과 전자라는 두 가지 포맷의 학습을 통해 구축해 왔습니다. 우리는 교육 기간에 이 두 가지 포맷을 체계적으로 구축합니다. 전자 기억은 내 개인 컴퓨터가 클라우드에 있는 정보와 연결된다는 뜻이 아니라 내 뉴런 정보, 내 감정, 내 관심사, 내 계획 등으로부터 클라우드에 접근하는 나만의 방식을 말합니다. 타인에게 양도할 수 있는 것이 아니지요. 암호는 제 머릿속에 있으니까요.

잼 : 어떻게 그게 가능하죠?

우스벡 : 당신들도 아는 이야기일 겁니다. 인간들은 당신이 '켄타우로스 프로젝트'라고 표현한 계획을 만들었으니까요. 그런데 왜 프로젝트를 실행하지 않는 거죠?

잼 : 프로젝트 명칭은 제가 정한 게 아닙니다. 가리 카스파로프라는 세계 체스 챔피언의 작품이지요. 카스파로프가 IBM이 개발한 체스 프로그램에게 패한 뒤, 21세기의 체스 선수는 켄타우로스 선수가 될 거라고 말했답니다. 인간과 컴퓨터가 한 몸이 된다는 뜻이죠. 켄타우로스 프로젝트는 아직 개발되지 않았습니다. 아무래도 시기상조라 생각하는 듯합니다. 아니면, 기술적인 변화가 아니라 휴머니즘에서 비롯된 프로젝트였을 수도 있고요. 어쨌든 불가항력적인 진보라고 생각합니다.

우스벡 : 저희에게도 난관이 있었어요. 물론 기술적인 문제는 아니고 '도메인의 경계'라는 문제가 있었지요. 저희는 각 학습 과정에서 어떤 포맷

으로 학습할지 결정해야 합니다. 컴퓨터는 어마어마한 양의 정보를 이해하지도 못한 채 운영하죠. 만약 클라우드에 있는 지식을 우리 개인의 지능과 연결하려고 했다면, 우리는 이해의 열쇠를 뉴런 포맷으로 만들어야 했을 겁니다. 이것은 혼자 일하는 개인의 전자 기억이 담당하는 일이지요. 제 컴퓨터에 이식된 프로그램에 따라 저에게 정보와 관계, 연관성 등을 찾아서 제공한 것이 바로 전자 기억입니다. 만일 제가 이런 '비밀스러운 이야기들'을 해석하는 데 필요한 암호를 제 머리에 저장해 두지 않았다면, 이해하지도 못했을 겁니다. 제 프로그램은 당신들이 딥러닝Deep learning이라고 부르는, 컴퓨터가 스스로 학습하는 기술을 제가 정한 방정식에 따라 이용합니다. 제가 당신과 대화를 나누는 동안에도 제 컴퓨터는 인간 종의 진화에 대한 최근 출판물들을 읽고 있어요.

잼: 이제 대화의 주제로 들어가 보죠. 당신은 새로운 종이 출현했다고 생

각하십니까?

우스벡: 새로운 종을 어떻게 보느냐에 달린 문제입니다. 제가 사피엔스의 역사에서 배운 바로는 새로운 종이란 이전의 종이 가지고 있지 않았던 새로운 능력을 보유한 존재로 정의됩니다. 우리와 당신들 사이의 거리는 크로마뇽인과 네안데르탈인의 거리와 같아요. 그 둘은 생물학적으로 교배가 가능했지만, 과학자들은 서로 다른 종이라고 생각하지요.

잼: 당신이 말하는 새로운 능력이란 어떤 것입니까?

우스벡: SF 소설가들이 만들어 낸 그런 능력은 아닙니다. 텔레포트나 불멸, 이런 건 없습니다. 우리가 신이 된 것도 아니고 행복이 더 잘 분배된 것도 아닌 것 같습니다. 수명 연장과 유전공학의 적용에서는 진전이 있었습니다. 그렇지만 뇌에 적용된 나노 기술은 병리학적 문제를 해결하는 데 기여했을 뿐, 우리 모두를 천재로 만들지는 못했죠.

화학적 뇌 기능 촉진제, 특히 뇌와 컴퓨터 간의 협력을 통한 인지 지능의 확장 면에서는 진보가 있었습니다. 인공지능의 학습 속도는 인간의 그것과는 비교가 되지 않아요. 체스를 배우는 프로그램은 다섯 시간 정도면 달인의 경지에 도달할 수 있습니다. 현재 뛰어난 체스 프로그램의 상대는 다른 체스 프로그램밖에 없는 실정이고요. 사람은 배제된 채 프로그램들끼리만 즐기는 게임이 되어 버렸지요. 현 상황을 대표하는 완벽한 은유적 사례가 아닐까 생각합니다. 대량의 정보에서 패턴을 발견하는 정보 운용 능력 또한 확장되었습니다. 인공지능의 능력을 완성한 특별한 활동들이 있습니다. 의학은 진단, 수술, 예방 측면에서 개선되었습니다. 군대는 이른바 '슈퍼 솔져'를 만드는 데 큰돈을 투자했습니다. 이미 여러 차례 사이버 전쟁이 있었습니다. 당신들이 '사물 인터넷'이라 부르는 기술은 엄청난 양의 객관화된 지능이 기계나 센서, 프로그램, 애플리케이션 등에 포함된 환경을 말합니다. 그리고 이러한 자원을 적절하게 사용할 수 있는 사람들은 인지면에서 매우 똑똑하다는 평가를 받고요. 저는 환경의 변화가 결국 유전적 변화를 만들어 낼 거란 걸 연구를 통해 알게 되었습니다. 어쩌면 지금 우리가 그 과정에 있는지도 모르지요.

잼 : 지능의 인지적 측면에서 진보가 있었다는 점을 강조하시는 이유가 뭔가요?

우스벡 : 네 번째 축의 시대는 지능에 대한 하나의 아이디어에 기반하고 있습니다. 저는 그 시대에서 교육을 받았음에도 그 아이디어가 거짓인 것만 같습니다. 그것은 사피엔스의 진화가 나에게 가르쳐준 것이기도 하지요. 당신들은 인간의 지능을 복사하려고 인공지능을 발명했어요. 그런데 지금은 어떻습니까? 인간 지능이 인공지능을 베끼고 싶어 하지요.

잼 : 무슨 말씀이신지 이해가 안 됩니다.

우스벡 : 인공지능은 데이터와 수학 알고리즘을 운영할 뿐입니다. 지능과 지식을 연결한다는 뜻이지요. 당신들이 살고 있는 시대의 농담이 떠오르네요. 어느 취객이 어두운 골목에서 동전을 떨어뜨렸는데, 동전을 찾으려고 가로등 아래로 갔다는 겁니다. 거기가 밝으니까요. 정보 부문은 가장 명확하고, 가장 형식을 구축하기 쉬운 부문입니다. 게다가 기술의 힘에 가장 적합한 부문이어서 우리는 열정적으로 그 길로 돌진하지요. 이제 저는 인간 지능의 기능이 아는 것이 아니라 행동을 이끄는 것이란 걸 알게 되었습니다. 지식은 그런 기능을 달성하기 위한 수단일 뿐이지요. 인간 지능에서 나온 이중 지능 모델은 모든 활동의 중심에 실행 단계로 넘어갈지 말지를 결정하는 평가 기준을 둡니다. 인공지능은 기준을 만들

능력이 없습니다. 평가 기준은 기쁨과 고통을 경험하는 생물학적인 지능에만 의미가 있는 가치이기 때문입니다.

그리고 인공지능은 행동과 연계되지 않습니다. 로봇의 경우를 제외하고요. 올바른 결정은 지식, 즉 사용 가능한 데이터에 기반하기 때문에, 결론적으로 기계는 결정하는 일을 담당해야 한다고 저희는 생각했습니다. 기계가 내린 결정은 사람이 아니라 기계가 따를 때 제대로 기능한다고 할 수 있습니다. 이런 결정을 인간의 행동에 적용할 수 있으려면 우리는 주체로부터 자유를 박탈하여, 인공지능 프로그램이 신체의 움직임을 결정하고 모니터링 하도록 해야 할 겁니다. 다시 말해, 포스트휴먼을 어떻게든 로봇화하는 거지요. 컴퓨터가 채택한 최선의 결정을 주체가 즉각적으로 실행할 때 저지하는 뇌 요소를 차단하는 작업이 진행 중입니다. 체스 프로그램을 생각해 보세요. 컴퓨터는 1초 동안 게임 수백만 건을 계산하여 최선을 선택합니다. 선택된 최선의 게임을 실행하는 주체가 인간이라고 상상해 보세요. 인간은 그것이 최선의 해결책이라는 것을 알면서도 그날 기분이 안 좋다거나 정치 시스템에 대한 거부감을 표현하고 싶다거나 급여 인상을 요구한다는 이유로 그 선택을 실행하지 않을 수도 있습니다. 그러니 가장 효율적인 해답은 그런 중재자를 제거하고 컴퓨터가 직접 게임을 실행하게 하는 것이지요.

잼: 제가 보기에 당신은 너무 회의적인 것 같습니다.

우스벡: 맞습니다. 우리는 엄청난 혜택을 누리고 있습니다. 우리는 태어날 때 자신의 게놈 정보를 공개하는 사람들의 '생물학적 포트폴리오' 시스템을 도입했습니다. 옷에 설치한 센서나 알약처럼 신체에 심은 나노 센서를 통해 그들의 모든 생물학적 매개 변수를 받아 비교하고 있습니다.

효율적인 프로그램을 통해 각 개인의 건강 상태를 관찰하고 이상이 있으면 자동으로 감지할 수 있습니다. 이런 식으로 예방 의학이라는 분야가 눈부시게 성장했습니다. '교육 포트폴리오'는 이와 유사하게 작동합니다. 그 역시 출생부터 그 사람과 함께 하지요. 아이가 학교에 도착하면, 유전 정보를 이용하여 작동합니다. 새로 온 선생님을 보조하거나 아이가 교육 기간 동안 적절하게 교육을 받고 있는지 관리해 주지요. 일생 동안 무엇을 배웠는지 알 수도 있습니다. 좋은 직업을 구하는 데 꼭 필요한 요소이지요. 방대한 데이터로 교육과 교육기관의 효율성을 개선할 수도 있습니다. 이런 면에서 기술은 무적이라 할 수 있습니다. 저희가 로봇공학과 자동화를 도입한 분야는 30년 전에는 생각도 할 수 없는 일이었습니다. 그런데 지금은 상담사, 친구, 심리 치료사, 섹스 파트너의 행동을 완벽하게 따라 하는 로봇이 있습니다. 인간 세계에는 섹스 로봇을 둔 매춘 업소가 벌써 생겼지 않습니까?

잼: 그렇다면 당신의 의견은 무엇입니까?

우스벡: 변화의 속도가 너무 빨라서 그 속도를 쫓는 데 부담을 느낍니다. 그래서 우리가 하는 일을 이해하려고 하지 않게 되었지요. 무언가를 계속해서 다시 활용한다는 것은(당신들은 다시 발명하고, 다시 혁신하고, 재조립하는 일에 대해 끊임없이 이야기했기 때문에 이제 우리에게는 유산으로 남았습니다만) 독창적인 폭발을 일으키지만, 그와 동시에 과거를 평가 절하하고 현재에 감사할 줄 모르는 감정도 일으킵니다. 변화된 무언가가 금세 기존의 것을 능가하게 될 테니까요. 제 전자 기억은 그것이 유목민족들이 겪었던 상황과 유사한 상황이라고 충고하고 있습니다. 당신들은 이미 유목이란 단어를 지식과 결합하여 '지식 노마드'라는 표현을 쓰고 있다는 정보도

전해 주는군요. 유목민의 특징은 짐 없이 떠돈다는 겁니다. 그래서 우리 포스트휴먼들도 과거에 대한 관심을 내려놓았습니다. 최근 20년 동안 우리는 교육과 직업 체계에서 역사에 관한 모든 언급을 배제했습니다. 짐작하시겠지만, 포스트휴먼이라는 사실이 자랑인 세상에서는 당신들이 '휴머니즘'이라 부르는 개념은 손 편지가 내포하는 의미처럼 매우 진부한 느낌을 줍니다. 은유적으로 표현하자면, 우리는 경로를 제대로 설정하지 못한 매우 강력하고 빠른 대형 선박을 타고 항해하고 있습니다. 유일하게 확실한 것은 기술력밖에 없지요.

잼 : 그렇다면 과거를 아는 것이 당신들처럼 앞선 시대에 필요하다고 생각하시나요?

우스벡 : 그럼요. 과거를 이해하게 되었기에 지금은 그것을 이용하는 데에만 관심을 가지면 되니까요. 그저 단순히 사실을 알고자 하는 게 아니

라, 그런 사건을 일으킨 인간들의 경험을 알고자 하는 겁니다. 역사는 인류가 겪은 경험의 이야기죠. 우리는 이미 다 잊었지만요. 예컨대 인공지능 창시자들의 아이디어 같은 것들은 이제 우리 머리에 남아 있지 않습니다. 앨런 뉴얼Allen Newell이 그의 저서 『통합 인지 이론Unified Theories Of Cognition』에서 지능은 목표를 정하기 위해서가 아니라 목표에 도달하기 위하여 해답을 제시하는 일을 담당한다고 주장한 지 벌써 60년이 훨씬 지났습니다. 우리가 성공했음은 의심할 여지가 없지만, 나는 우리가 목표 설정에서 오류를 범한다면 네 번째 축의 시대는 실패로 끝날 수도 있다고 생각합니다. 그래서 저는 포스트휴머니즘 시대에 더 깊이 들어가기 전에 사피엔스, 인류의 역사를 알고 싶었습니다.

잼: 그래서 당신이 내린 결론은 무엇입니까?

우스벡: 가장 중요한 것은 우리가 세 번째 축의 시대를 완성 및 실현하려 하지 않고 넘어서려고만 하는 실수를 저질렀다는 것입니다.

잼: 조금 더 자세히 설명해 주시겠어요?

우스벡: 자신을 존엄성을 부여받은 동물로 선언했다는 사실은 인간 지능의 발명 중 가장 멋진 사례라고 생각합니다. 그런데 그것이 과학적인 사례는 아니었기에 과학과 기술로부터 무시를 당했습니다. '존엄성'이라는 개념은 순전히 허구입니다. 그런데 구원자적인 허구지요. 그럼에도 많은 사람은 과학-기술 노선이 인간 지능의 절정이므로 휴머니즘을 향상하는 더 안전한 길이라고 생각했습니다. 우리는 목표를 설정할 줄 몰랐습니다. 포스트휴머니즘 이론가들은 계몽주의를 계기로 열린 이성적, 과학적, 실용적 노선을 따르고 있다고 생각했지만, 연민, 평등, 정의와 같은 다른 노선을 잊었습니다. 그 결과 우리는 과학과 기술면에서는 엄청나게

진보했지만, 나머지 다른 모든 면에서도 과연 그런지 알 수 없습니다. 사실 우리 시대는 당신들의 시대보다 더 불공평합니다.

잼: 사실 기술과 과학이 그런 문제를 해결할 거라 생각했습니다.

우스벡: 당신들이 예상했던 혜택의 대부분은 이루었습니다. 평균 수명은 130년에 이르렀고 유전공학 덕분에 질병은 사라지고 신체적·지적 능력은 향상했습니다. 컴퓨터와의 관계로 놀라운 결과들이 양산되고 있죠. 인간 증강Human enhancement 산업은 우리 시대의 가장 큰 비즈니스입니다. 문제는 비용이 너무 비싸다는 거죠. 그래서 그런 혜택을 누릴 수 있는 사람은 그리 많지 않습니다. 이로 인해 '개선된 계층'과 '개선되지 않은 계층' 간의 격차가 커졌고, 그 간극은 더 커질 것으로 예상합니다. 이것은 새로운 인종차별입니다. 별도의 사회적 인종이 만들어지고 있으니까요. 당신들이 살고 있는 시대는 가난이 대물림되는 것을 인정합니다. 우리가 한 거라고는 그 대물림을 확대한 것밖에 없습니다. 우리는 시작점에 있습니다. 그렇지만 개선된 인류는 더 많은 기회를 가질 것이며, 타인으로부터 더 멀어질 것입니다. 돈으로 더 나은 보건 및 교육 기술에 접근할 수 있게 되었고 동시에 더 높은 지위의 일자리를 얻을 수 있게 되었습니다. 보건 및 교육 가능성도 더 증대되겠지요. 그렇게 계속되는 겁니다.

잼: 이런 상황은 누구에게 책임이 있을까요?

우스벡: 역사를 알고 나니 당신네 인간들은 우리에게 잘못된 문제 제기를 남겼습니다. 우리가 보기에는 무척 매력적이어서 고치려고 하지 않았던 문제이지요. 이것을 설명하려면 제 기억이 제공한 많은 정보를 살펴보아야 합니다. 네 번째 축의 시대 초반, 그러니까 2020년부터 당신들은 우리에게는 썩 유쾌하지 않은 유산인 몇 가지 모순점들을 해결하는 방법을

몰랐습니다. 글로벌화된 세계에 살고 있었기에 많은 이유로 개인주의가 더 사회적인 삶의 방식으로 강요되었습니다. 잘된 일이었죠. 그 덕분에 개인의 자유, 개인의 결정, 개인의 행복이 보호되었으니까요. 개인은 자신에게 무엇이 이로운지 누구보다 더 잘 알고 있었습니다. 인간관계는, 예컨대 부부 관계는 자신의 이익을 추구하는 두 개인의 조합으로 바뀌었습니다. 일종의 상호 임대 서비스와 같았죠. 장점이 많은 변화였지만 당신들도, 우리도 사회성의 끈을 어떻게 회복해야 할지 몰랐습니다. 우리는 자주성을 강력하게 주장했지만, 자주적인 존재들 사이의 애정 또는 윤리적 끈을 어떻게 구축해야 할지는 몰랐던 것이지요. 사회적 상황을 개선하는 가장 좋은 방법은 개개인이 자신의 이익을 추구하는 것이라는 주장이 정설처럼 강요되었지만, 실제 효과는 없었습니다.

당신들과 우리는 이 사실을 받아들이게 됩니다. 기술의 진보가 가져다 준 행복이 모든 사람의 손닿는 곳에 있다는 걸 깨달았으니까요. 행복이 소비 상품으로 유행하게 되었고, '행복 산업'이라는 것도 나타났습니다. 선진국에서는 편안하고 어떤 방식으로든 유쾌한 상태에 도달하는 데 초점을 맞춘 쾌락주의가 낮은 강도로 확산했습니다. 이런 현상은 정신병 치료제, 심리학자, 사회적으로 수용되는 약물이 호황을 누리게 된 이유였습니다. 기술 발달로 삶이 더 편안해졌다는 것은 의심할 여지가 없습니다. 선진 사회에 사는 사람이라면 누구나 루이스 14세보다 더 안락한 삶을 살지요. 우리는 조명, 텔레비전, 냉방 시스템, 자동차 등을 음성 명령으로 이용합니다. 힘쓸 필요가 없어요. 공부할 필요도 없었습니다. 필요한 정보는 모두 네트워크를 통해 얻을 수 있으니까요. 자동화로 일자리가 줄었지만, 실업은 모두를 위한 기본 소득의 확대로 보상되었습니다.

또한 모든 가상현실 시스템이 향상되어, 사람들은 매력적이지만 비현실적인 격리 장소에서 하루에도 몇 시간씩 살 수 있게 되었습니다. 우리는 다양한 가상 인생을 살 수 있게 되었습니다. 운동량이 적다고 살찔 걱정 따위는 하지 않아도 되고요. '게임화'가 성행하는 것은 이러한 낮은 강도의 쾌락주의가 낳은 또 다른 현상이었습니다. 우리는 현실(간혹 힘든)과 가상(평온한)의 차이를 상쇄하고자 했습니다. 당신들은 이 과정을 모두 구경거리로 만들어 버리기 시작했지요.

잼: 올더스 헉슬리가 지은 『멋진 신세계』 같은 문학적 유토피아를 떠올리게 하는 말씀이네요.

우스벡: 사실 어떤 의미에서 멋진 신세계는 큰 기대 없이 그것에 접근하는 사람들을 위한 세계지요. 제 기억으로부터 정보를 한 건 받았습니다. '나태한' 삶의 이상이라고 말할 수 있겠네요. 어원적으로는 '고통의 부재'라는 뜻이니 흥미로운 단어입니다. 그렇지만 결국 '게으름'을 의미하죠. 칸트가 이성은 계몽주의가 도래할 때까지 게으름으로 인해 발전하지 않았

다고 한 말이 생각납니다. 행복은 우리가 해결하지 못하는 모순들을 잘 숨기지요.

잼 : 예를 들어 설명해 주십시오.

우스벡 : 자주적인 개인주의를 장려한 문화(가장 유명한 사회학자 중 한 사람인 울리히 벡이 '제도화된 개인주의'라 명명한)는 동시에 '주체의 가치 절하'를 야기했습니다. 제 말을 이해하실지 잘 모르겠군요. 개인이 힘을 얻게 된 동시에 개인의 중요성은 제한되었습니다. 예컨대 지식 부문에서 지식은 네트워크 덕분에 가능해진 의견의 총체라고 믿게 되었어요. 그것은 집단적이고 민주적인 과제였지요. 사적 이익을 추구하는 것이 자동으로 시장을 통해 정의를 생산하는 것과 마찬가지로, 자신의 의견을 방어하는 것이 사회 네트워크를 통해 지혜를 생성할 것이라고 생각되었습니다. 사회 네트워크 안에서는 무엇이든 표현할 수 있었습니다. 독이 든 성배였어요. 네트워크에 참여한 사람들이 아니라 그들의 의견에 중요성을 부여했으니까요. 이것은 네트워크의 힘에 대항하여 방어할 가능성을 약화시킨 비난력의 무장 해제를 의미했습니다. 그들은 순진하게도 네트워크가 우리를 동등하게 대한다고 믿었습니다. 그것을 사용하는 데 제한이 있다는 사실은 깜빡 잊은 채 말이죠. 그런데 다른 그룹의 사람들이 있었습니다. 네트워크를 소유하고, 설계하고 이용한 사람들 말입니다. 이처럼 '주체의 약화'에 한 가지 요소가 추가되었습니다. 당신들이 이미 감지한 것이기도 한데요, 주의력 결핍이 인지 과잉 행동과 결합하여 짧은 뉴스를 선호하게 만들죠. 그 시대 작가인 니얼 퍼거슨Niall Ferguson은 이렇게 썼습니다. '네트워크는 리얼리티쇼에 나오는 유명인들에 관한 뉴스를 보는 우리의 독아론(Selfis)과 우리의 짧은 주의력(240자), 우리의 탐욕스러운 구

미를 만족시킨다[『광장과 타워』, 21세기북스, 2019].'

　정보 혁명은 좌우 이념과 상관없이 포퓰리스트들에게 유리하게 작용했습니다. 호의적이고 협력적인 정치를 상상하면서 대중의 '지혜'에 희망을 맡긴 그들은 그리 유쾌하지 않은 놀라움에 봉착하게 되었죠. '사회적 영향력이 주어진다면(네트워크 학자들이 지적하길) 사람들은 다시 서로에게 의존하게 될 것이다. 이것은 대중의 지혜의 근본 전제를 훼손한다. 대중이 상호의존성에 의해 인도될 때, 비록 정확하지 않더라도 특정 정보를 한꺼번에 퍼뜨리도록 그것에 영향을 줄 수 있다.' 또 모순이 나왔습니다. 그룹은 자신이 의존적이라고 고백하는 개인에게 영향력을 행사합니다.

　다른 한편으로는, '자기의 행복을 추구할 권리'를 주장하는 것이 문화의 진화를 공부하면서 명확해진 하나의 진실을 숨겼다는 것입니다. 계몽주의자들이 말한 것처럼 개인의 행복은 '객관적인 행복', '공공의 행복'을 통해서만 달성된다는 것입니다. 어쨌든 개인주의는 사람의 미덕처럼 명확해 보이는 다른 가치와 동맹을 맺었습니다. 단순하게 생각하면 진보를 이룬 것처럼 보이지요. 프랑스 혁명에 의해 내걸린 깃발 중 하나였습니다. 직책은 유산이나 돈이 아닌 사람의 미덕에 의해 결정되어야 했습니다. 결론적으로 말하면 권리는 그 가치를 인정하는 사람들에게만 인정되어야 한다는 것입니다. 20세기와 지금 세기의 초반에 민주주의에 대한 논쟁이 있었습니다. 사람의 미덕을 고려하지 않고 모든 투표권을 동등하게 다루었기 때문입니다. 우리 포스트휴먼은 인간들이 어떤 행동을 하건 왜 모든 구성원에게 기본 권리를 인정했는지 그 이유를 잊고 있었습니다. 그것은 제가 연구를 통해 배운 것 중 하나입니다. 계몽주의를 수호하던 보편적인 욕구는 사라졌습니다. 영향을 미치는 원인은 많았습니다. 예컨대 인권 이론으로는 풀리지 않는 이주 압력이 있습니다. 살고, 일하고, 행복을 추구하는 보편적인 권리는 한 국가 구성원들이 소유한 것을 유지할 권리와 맞서게 되었습니다. 이것은 인간의 권리 행사가 국가에 속하도록 조장한 민족주의에 의해 자극되어 우위를 점하게 되었습니다. 문화와 종교의 대결로 시대착오적인 기억으로 남아 있는 보편적 권리 모델이 약화되었습니다. 인간들은 해결하기 힘든 문제에 당면한 것이죠.

잼: 해결하기 힘든 '또 하나의' 문제라는 표현이 더 정확할 것 같습니다. 이미 여러 문제를 제시하셨으니까요. 이번에는 어떤 문제입니까?

우스벡: 이 양도할 수 없는 권리 중 일부가 상충할 수 있습니다. 그중 하나를 제거하여 문제를 해결할 수는 없다는 것이죠.

잼: 예를 들어 설명해 주시겠습니까?

우스벡: 소유권과 생명권, 또는 개인의 발전권은 서로 충돌을 빚을 수 있습니다. 자유와 안전도 마찬가지지요. 표현의 자유에 대한 권리는 명예와 사생활 보호의 권리에 부딪힐 수 있고요.

잼: 당신이 그린 파노라마의 관점에서 볼 때, 인간은 후퇴한 건가요?

우스벡: 그렇지 않아요. 스포츠 세계를 생각해 보세요. 매번 놀라운 기록이 탄생합니다. 이는 정상적인 경쟁에서 점점 더 멀어진다는 뜻이지요. 그걸 두고 후퇴라고 하나요? 그렇지 않습니다. 결국 기록은 일반화되기 때문입니다. 정상적인 경쟁이 증가한다는 뜻이지요. 1950년대 초반만 하더라도 사피엔스는 1마일을 4분 이내에 달리게 되리라고 생각하지 못했습니다. 그런데 로저 배니스터가 해냈죠. 며칠 뒤 다른 선수가 또 그걸 해냈습니다. 1957년 말이 되자 17명으로 늘었고, 지금은 일상적인 일이 되었습니다. 현재 최고 기록은 3분 43초 23입니다. 지능 측정 지수인 IQ 역시 점점 높아지고 있습니다. 우리는 너무나 많은 영역에서 계속해서

신기록을 세우고 있습니다. 이미 달에도 갔고 화성에도 갔습니다. 우리가 가지고 있는 컴퓨터의 속도는 점점 더 빨라지고, 수명은 길어지고, 육체적 고통도 잘 관리되고 있습니다. 우리는 조금 덜 공격적이게 되긴 했지만 여전히 진정한 지능에는 도달하지 못하고 있습니다. 우리는 인류가 가진 문제들과 끔찍한 고통을 일으키는 심각한 문제들을 해결하는 방법을 알고 있지만, 실제로 해결하려고 시도한 적은 없었습니다.

잼 : 그런 상황에 대한 당신의 해결책은 무언가요?

우스벡 : 그건 당신들, 인간들이 그런 상황이 발생하지 않도록 만드는 것입니다. 제가 가능한 미래, 실현될 수 없는 미래로부터 말하고 있다는 사실을 잊어서는 안 됩니다. 당신들은 다른 길을 선택할 수 있어요. 우리는 아직 존재하지 않기 때문에 아무것도 할 수 없습니다. 우스벡은 존재하지 않습니다.

참고 문헌

HISTORIA VISUAL
— de la —
INTELIGENCIA

어떤 책이든 참고 문헌을 보면 그 책이 만들어진 토대를 묘사하고 있다. 마찬가지로 학문적 작업은 어떤 것이든 허공 위에 만들어지지 않는다. 참고 문헌이라는 토대는 물론 다 드러나지는 않지만, 내용의 견고함을 증명하려면 찾아볼 수 있어야 한다. 나의 경우 책은 책장에 가만히 꽂혀 있는 물건이 아니다. 내 삶의 일부이며 내 안과 밖에 동시에 있다. 나와 책의 관계는 때에 따라 진실되기도 하고 충돌하기도 한다. 그렇지만 늘 격려를 주고받는 사이다. 이 참고 문헌 글 안에 작가와 작가의 책 이야기가 함께 들어 있다.

이 책을 통해 내가 전하고자 하는 바는 바로 인간이라는 종의 기괴한 모험에 관한 이야기다. 소포클레스는 사피엔스를 데이노스Deinos라 불렀다. 현실과 비현실을 동시에 살며 실질적인 것과 이상적인 것을 동시에 추구하는 매우 이상한 짓을 하는 창조물이라는 뜻이다. 이렇듯 상반되는 가치가 혼재하는 사피엔스를 나는 '영적 동물'이라 부른다. 이러한 특이함은 인간들의 지능에 부여되기 때문에, 그들의 신비를 이해하려면 그들의 지능을 이해하려고 노력해야 한다는 것은 너무나 명확한 사실이었다. 나에게는 여전히 마술같이 느껴지는 부분이다.

예전에 매우 먼 길을 돌아 시도해 본 적이 있다. 『인류의 일대기Biografía de la humanidad』, 『존엄성 투쟁La lucha por la dignidad』, 『창조 지능 이론Teoría de la inteligencia creadora』, 『관리 지능La inteligencia ejecutiva』, 『잃어버린 의지의 미스터리El misterio de la voluntad perdida』(모두 호세 안토니오 마리나의 저서들이다-역자),

이외에도 수십 건이 더 있다. 그런데 지금은 인간의 모험을 가능한 짧게 이야기하고 싶다. 그래야 시시콜콜한 이야기에 한눈팔지 않고 전하고자 하는 바를 더 명확하게 전할 수 있을 것 같다. 마치 초고속 카메라로 촬영한 영화 같을 것이다. 나는 도입과 3막이라는 극적인 구조로 구성할까 생각했다.

도입: 영적 동물의 출현. 인간 빅뱅을 찾아서

제1막 첫 번째 축의 시대: 도시와 확장된 사회의 출현

제2막 두 번째 축의 시대: 내면성의 출현

제3막 세 번째 축의 시대: 반항하는 개인

이야기를 풀어내기 위해 나는 두 명의 훌륭한 공동 작업자와 함께했다. 우선 우스벡. 우스벡은 『감정 사전Diccionario de los sentimienots』이라는 작품에서 이미 같이 작업한 바 있다. 덕분에 상대적으로 거리가 있는 친밀한 주제를 연구할 수 있었다. 우스벡이라는 이름과 그가 맡은 기능은 몽테스키외의 『페르시아인의 편지』에서 따왔다. 두 번째 인물은 마르쿠스 카루스Marcus Carús라는 특별한 삽화가다. 나는 그에게 이야기의 내용이 마치 눈앞에서 펼쳐지는 것처럼 집대성해 달라고 요청했다.

1장: 외계인이 지구를 방문한다면 제일 먼저 우리가 창조해 낸 것들을 둘러보지 않을까? 우주에서는 중국의 만리장성과 도시의 불빛들이 보인다. 가장 근본적으로 이런 의문을 가질 것이다. '플라톤이 날개 없는 두발 달린 동물이라고 부른 이 존재들은 어떻게 이토록 많고 다양한 것을

만들어 낼 수 있었을까?' 우스벡은 우리 상황을 이해하는 수단으로 계보적 방법이라는 현명한 선택을 했다. 상품에서부터 그것을 발명한 지능까지 거슬러 올라가는 방식이다. 나는 위대한 유전학자 테오도시우스 도브잔스키Theodosius Dobzhansky의 말에 전적으로 동의한다. '진화론적 관점 바깥에서는 살아 있는 무엇도 자신을 이해할 수 없다.' 문화진화론의 메커니즘 연구에서 누구보다 열심히 활동한 학자인 피터 리처슨과 로버트 보이드의 주장에도 기꺼이 따랐다. 그들은 사회과학 분야에 존재하는 분열 양상에 불만을 품고, 하나의 문화진화론이 사회과학의 통합에 기여하고 나아가 생물과학과 연계될 수 있을 거라고 생각했다. 해당 내용은『유전자만이 아니다』(이음, 2009)라는 공동 저서에서 확인할 수 있다. 문화가 인간 게놈에 미친 영향에 대해서는『Darwin's Unfinished Symphony: How Culture Made the Human Mind』(Princeton University Press, Princeton (NJ), 2017)가 큰 도움이 되었다. 니체는 도덕의 계보 방법을 이용했다. 미셸 푸코는『니체, 계보학, 역사Nietzsche, la généalogie, l'histoire』와『진리와 사법적 형태들La vérité et les formes juridiques』에서 니체의 계보법에 대해 설명하고 그것을 적용했다. 루이지 루카 카발리 스포르차Luigi Luca Cavalli-Sforza가 쓴『문화의 진화La evolución de la cultura』(Anagrama, Barcelona, 2007)와 마크 페겔Mark Pagel의『Wired for Culture』(RBA, Barcelona, 2013)도 주의 깊게 읽었다.

계보와 관련하여 '역공학'이라는 개념이 있는데, 이는 사실 기계의 계보이며, 모든 문화적 창조물에 적용할 수 있다. 그것을 처음 발견한 것은 대니엘 데닛Daniel Dennett의『Darwin's Dangerous Idea』(Galaxia Gutenberg, Barcelona, 1999, pp. 343)에서였고, 두 번째는 레이 커즈와일의 『특이점이 온다』(김영사, 2007)였다. 커즈와일은 이 책에서 우리 인간 종이 곧 변화할 것이며, '특이점' 또는 '포스트휴머니즘'이 도래하면 우리는 인류가 무엇이었는지 생각하도록 강요당할 것이므로 이 책이 중요하다고 했다. 책은 거꾸로 이야기된 '역역사'를 쓸 가능성과도 관련되어 있다고 했나(『B. Greenwood, Adventures in Learning - History in Reverse』, Gifted Education International, 12 (1), 1997, p. 39).

'세계'라는 개념은 중요하다. 우리는 모두 같은 현실을 살지만, 그에 대한 해석은 각각 다르다. 우리는 이런 특별함을 '세계'라고 부른다. 이것은 위대한 생물학자 야콥 폰 윅스퀼의 아이디어였다. 윅스퀼은 진드기의 작은 세계를 예를 들어 설명했다[세계라는 생물학적 개념 형성을 위한 구성 요소Ideas para una concepción biológica del mundo』(Espasa Calpe, Buenos Aires), 1945]. 하이데거는『형이상학이란 무엇인가』(서광사, 1995)에서 그 아이디어를 다시 언급했다. 개구리 세계에 대한 유명한 논문「개구리 눈이 개구리 뇌에 해 주는 말What the frog's eye tells the frog's brain」도 빼놓을 수 없다. 제롬 레트빈Jerome Lettvin, 움베르토 마투라나H.R. Maturana, 워렌 스터기스 멕컬록W.S. McCulloch, 월터 피츠W.H. Pitts가 함께 쓴 논문이다(「Proceedings of the IRE」, vol. 47, n.º 11, noviembre de 1959).

꽤 오래전부터 빌헬름 딜타이Wilhelm Dilthey가 머릿속에서 맴돈다. '인간이라는 존재를 알고 싶다면 그들이 나타난 순간부터 만들어 낸 것들을 연구해야 한다.' 그가 말한 '인간이 만들어 낸 것'은 바로 문화다. 놀라운 것은 사피엔스를 내가 '경이로운 루프'라고 부르는 것에 끌어들인 것이 바로 지능이라는 사실이다. 나에게는 매우 매혹적인 부분이었기에 나는 그에 대한 책을 썼다(『경이로운 루프El bucle prodigioso』, Anagrama, Barcelona,

2012). 지능은 그 자체에 귀속하며 지능을 변형시키는 창조물을 만들어 낸다는 것이 그 책의 주요 내용이다. 그것이 우리의 진정한 역사다! 그런데 어디서부터 시작하는가? 우리 종의 기원이 된 큰 폭발인 빅뱅은 어디에 위치하는가? 우스벡은 그것을 찾으려 한 도서관에 들어가고, 거기에서 문자의 창조, 심지어 언어의 창조라는 역사까지 거슬러 오르게 된다. 신비의 세계에 발을 들인 것이다. 참고 도서는 끝이 없다. 언어에 대해서는『언어 정글La selva del lenguaje』도 부분적으로 참고했다. 스티븐 핑커의『언어 본능』(동녘사이언스, 2008), 로버트 버윅과 노암 촘스키가 함께 쓴『왜 우리만이 언어를 사용하는가: 언어와 진화』(한울아카데미, 2018), 스티븐 미슨의『마음의 역사』(영림카디널, 2001)도 언급하지 않을 수 없다. 언어의 비밀을 밝히고자 참고한 자료의 방대함이 무색하게도, 언어의 출현이라는 역사는 여전히 미스터리로 남아 있다.

우스벡은 예술과 과학, 법률의 계보 또한 살펴보았다. 책을 끝까지 읽어야 비로소 이해할 수 있는 이유로 나는 이 마지막 계보 연구를 특별히 중요하게 생각한다. 예컨대 프리드리히 하이에크의『법, 입법, 자유』(자유기업원, 2018)는 중요한 작품이다. 종교의 역사 부문에서는 미르체아 엘리아데Mircea Eliade와 카렌 암스트롱Karen Armstrong의 작품들이 큰 도움이 되었다. 흥미롭기만 한 동시 발생은 여러 차례 나타난다. 신화의 경우 줄리엔 듀이Julien D'Huy의 『신화의 진화La evolución de los mitos』(Investigación y Ciencia, 485, febrero de 2017, pp. 68-75), 마이클 위첼Michael Witzel의 『The Origins of the World's Mythologies』(Oxford University Press, Oxford, 2012)를 인용했다.

2장: 상징적 사고의 출현은 인간 종의 진화에 결정적인 단계로 여겨지곤 한다. 참고 도서 목록은 끝이 없다. 콜린 렌프루Colin Renfrew의 『Prehistory, Making of the Human Mind』를 감명 깊게 읽었다. 장 프랑수아 도르티에Jean-François Dortier는 『en L'homme, cetétrange animal: Aux origines du langage, de la culture et de la pensée』(Sciences Humaines Éditions, Auxerre, 2012)에서 우리 선조들이 창조한 모든 것을 설명하는 변화는 상상의 출현이라고 말했다. 페테르 예르덴포르스Peter Gärdenfors는 『How Homo Became Sapiens』에서 정신 진화를 '분리된 표상'의 한가운데에 둔다. 아넷 카밀로프스미스Annette Karmiloff-Smith의 『Beyond Modularity』(MIT Press, Cambridge, 1992)와 멀린 도널드Merlin Donald의 『A Mind So Rare, Norton』(Nueva York, 2001), 『Origins of the Modern Mind』(Harvard University Press, Cambridge, 1993)는 기억의 내용, 즉 인간 지능의 위대한 새로움인 표상을 다룰 줄 아는 능력을 강조한다.

인지 기능의 진화에 관심을 쏟다 보니 인간의 감정이 어떻게 진화했는지는 잊힌 상태였다. 조너선 하이트는 『바른 마음』(웅진지식하우스, 2014)에서 감정 세계의 진화에 대해 상기시켰다. 안토니오 다마지오는 『뇌가 사람을 만들었다El cerebro creó al hombre』(Destino, Barcelona, 2010)에서 감정과 지식의 신경학에 대한 통합적인 비전을 제시했으니 감사할 따름이다. 지능의 목적은 행동을 인도하는 것이며, 행동 초기에는 자극과 필요성, 동기, 욕망 등이 존재한다고 했다. 데이비드 흄이 말한 것처럼, 감정은 행동의 처분에 따르기 때문에 생각은 감정에 따라 결정된다. 나는 『욕망의 구조Las arquitecturas del deseo』(Anagrama, Barcelona, 2007)에서 이 주제를 다룬 바 있다. 상징적 사고의 확대된 능력은 욕망의 세력 범위를 넓혔다.

행복의 추구는 행동의 마지막 단계에 있다. 이것은 진정한 문화의 역사이며, 행복의 추구가 가져온 예상치 못한 결과로써 해석될 수 있다. 내 책 『인류의 일대기』(Ariel, Barcelona, 2018)의 주제가 바로 그것이다. 『표류자를 위한 윤리Ética para náufragos』(Anagrama, Barcelona, 1995)와 마리아 데 라 발고마María de la Válgoma와 함께 쓴 『존엄성 투쟁』, 『이성이 꾸는 꿈Los sueños de la razón』(Anagrama, Barcelona, 2003)에서도 다룬 적이 있다. 대린 맥마흔의 『행복의 역사』(살림, 2008)에서도 흥미로운 정보를 참고했다.

3장 : 신경과학은 비의식적인 기능에 관심을 두고 있었다[R. Hassin, J. S. Uleman, J. A. Bargh, 『The New Unconscious』, Oxford University Press, Nueva York, 2006]. 동시 발생적으로, 뇌의 관리 기능에 관한 관심도 크게 발전했다. 이 두 가지 연구 노선에서 지능을 두 단계로 조직화하는 '이중 지능 이론'이 탄생했다. 나는 그 두 단계를 각각 '생성'과 '관리'라고 명명했다[대니얼 카너먼, 『생각에 관한 생각』, 김영사, 2018; 팀 쉘리스(T. Shallice), R. 쿠퍼(R. Cooper), 『The Organisation of Mind』, Oxford University Press, Nueva York, 2011]. 이 새로운 모델과 그것이 가진 교육·사회적인 함의는 최근 몇 년 동안 내 연구에 자극제가 되었고, 그 덕분에 몇 권의 책을 집필할 수 있었다. 『관리 지능La inteligencia ejecutiva』(Ariel, Barcelona, 2012), 『목적은 재능 창출Objetivo: Generar talento』(Conecta, Barcelona, 2016), 『Zoom 철학 협정Tratado de filosofía Zoom』(Ariel, Barcelona, 2016).

피니어스 게이지 사례는 안토니오 다마지오가 『데카르트의 오류』(눈출판그룹, 2017)라는 책에서 면밀하게 다루어 주었다. 문화 정신의학의 필요에 관해서는 또 한 명의 위대한 신경학자 엘코논 골드버그가 최근에 펴

낸 『창의성』(시그마북스, 2019)을 참고하였다.

4장: 나는 기억 회복에 엄청난 노력을 들였다. 기억은 앙리 베르그송이 그 놀라운 활약상을 설명하기 위하여 영혼의 존재를 인정하게 만든 수수께끼 같은 주제다. 인간의 진화에서 문화의 중요성이 여러 차례 언급되었다. 그렇지만 문화가 학습(기억)을 거대한 진화의 힘으로 바꾸었다는 것은 충분히 강조되지 않았다. 나의 사랑하는 친구, 위대한 신경학자인 호아킨 푸스테르Joaquín Fuster는 '계통 발생의 기억'에 대해 말한다. 계통 발생은 우리 뇌 구조에 선천적으로 새겨져 있다(『Memory in the Cerebral Corte』, (MIT, 1999). 많은 과학자가 이 지점을 향해 집결하고 있다. 인간의 자기 길들이기에 관한 연구다. 조셉 하인리히Joseph Henrich의 『우리의 성공 비결The Secret of Our Success: How Culture Is Driving Human Evolution, Domesticating Our Species, and Making Us Smarter』(Princeton University Press, Princeton, 2016), 헬렌 리치Helen M. Leach의 「Human Domestication Reconsidered」 (Current Anthropology, 44 (3), 2003) 등이 있다. 학습된 기술이 어떻게 유전적 변화를 일으키는지를 설명하는 볼드윈 효과Baldwin effect에 대한 관심은 B. H. Weber와 D. J. Depew (eds.), 『Evolution and Learning: The Baldwin Effect Reconsidered』(The MIT Press, Cambridge, 2003) 에서 잘 드러난다. 일반적인 문화 전달 메커니즘 중 하나는 '생태 지위 건설'이다. '경이로운 루프'가 한 예이다. 지능은 생태 지위를 만들고, 이렇게 형성된 환경은 유전적 선택에 영향을 미친다[F. Odling-Smee, K. Laland and M. Feldman, 『Niche Construction: The Neglected Process in Evolution』 Princeton University Press, Princeton, 2003]. 또 하나의 멋진 참고 도서는

제임스 토마스James G. Thomas의 『Self-domestication and Language Evolution, tesis doctoral publicada en internet』(Universidad de Edimburgo, 2013)이다. 독일 라이프치히에 소재한 막스플랑크 진화인류학 연구소 마이클 토마셀로 소장의 작품들도 빼놓을 수 없다. 특별히 두 권을 소개한다. 『인간의 의사소통 기원』(영남대학교출판부, 2015), 『이기적 원숭이와 이타적 인간』(이음, 2011). 아! 이 작가의 책 두 권을 추가한다. 『생각의 기원』(이데아, 2017), 『도덕의 기원』(이데아, 2018).

　이 책은 말할 것도 없고 내가 쓴 책들에 빠짐없이 등장하는 두 명의 작가가 있다. 레프 비고츠키와 알렉산더 루리아다. 두 사람은 사제 간이었다. 비고츠키는 심리학에 일대 혁신을 일으켰다. 사회, 문화가 인간의 정신에 미치는 영향을 연구해야 할 필요성을 인식한 그는 '내적 언어'의 관리적 기능을 발견했다. 절대 빼놓을 수 없는 그의 저서로 『사고와 언어』(교육과학사, 2011)가 있다. 제임스 워치James V. Wertsch는 『Vygotsky and the Social Formation of Mind』(Paidós, Barcelona, 1988)에서 전술한 비고츠키의 책 내용을 소개하고 있다. 알렉산더 루리아는 전두엽의 역할에 관한 연구와 상위 정신과 언어의 기능 부문에서 지난 세기의 가장 혁신적인 신경학자가 아닐까 개인적으로 생각한다. 그의 연구의 역사적 가치를 평가해 지금은 사라진 폰타넬라 출판사에서 그의 저서 중 중요한 부분을 스페인어로 번역한 바 있다.

5장: 공진화는 앞 장에서 언급한 내용의 일부를 요약한 용어다. 이에 대한 고전 두 권을 소개한다. 테렌스 디콘Terrence W. Deacon의 『The Symbolic Species: The co-Evolution of Language and the Brain』(Penguin,

Londres, 1997)과 마샬 살린스M. D. Sahlins와 엘만 서비스E.R. Service의 공저, 『Evolution and Culture』(University of Michigan Press, Ann Arbor, 1960)이다. 이 장에서 나에게 특별히 영향을 미친 인물은 에드워드 윌슨이다. 그의 책 네 권을 소개한다. 『사회생물학』(민음사, 1993), 『통섭: 지식의 대통합』(사이언스북스, 2005), 『지구의 정복자: 우리는 어디서 왔는가, 우리는 누구인가, 우리는 어디로 가는가?』(사이언스북스, 2013), 『인간 존재의 의미』(사이언스북스, 2016).

대니얼 데닛에게 진 큰 빚도 잊어서는 안 된다. 스페인에서 그리 인지도가 높은 철학자는 아니지만, 과학과 정보과학 분야를 자유로이 넘나드는 인물이다. 1장에서도 그의 작품을 언급했다. 이 장에서는 그의 저서 두 편이 존재감을 발했다. 『자유는 진화한다』(동녘사이언스, 2009), 『From Bacteria to Bach and Back: The Evolution of Minds』(Pasado y Presente, Barcelona, 2017). 『마음의 진화Kinds of Minds』에서 동물을 다윈 생물(자연선택으로 움직이는), 스키너 생물(시행착오를 통해 배우는), 포퍼 생물(심리적인 실험을 할 수 있는), 그레고리 생물(그레고리식 생물) 등으로 구분한다. 그레고리 생물은 심리학자 리처드 그레고리Richard Gregory를 기리기 위해 붙인 이름이다. 리처드 그레고리는 『Mind in Science: A History of Explanations of Psychology and Physics』(Weidenfeld and Nicolson, Londres, 1981)에서 지능의 가능성을 확장하는 데 필요한 '마음의 도구'의 중요성을 지적했다. 비고츠키가 주장한 아이디어와 같다.

이 책을 쓰는 데 중요한 역할을 한 작가가 두 명 더 있다. 우선 스티븐 핑커. 그는 현시대의 심리학 대가라 할만하다. 많은 저서를 통해 열성적으로 인간을 증명했다. 그리고 노르베르트 엘리아스. 저서 『문명화 과정』

(한길사, 2002)에서 나타나는 것처럼 그는 인간의 자기 제어의 진화를 연구한 독특한 역사가다.

사피엔스의 진화는 인지적, 감정적 선에서 일어난다고 주장하고자 한다. 마음도 자기만의 역사가 있다. 나는 『감정의 미로El laberinto sentimental』(Anagrama, Barcelona, 1996)에서 감정의 문화·역사적 변주를 연구했었다. 일본인들의 정서를 나타내는 아마에에 관해서는 도이 다케오의 『아마에의 구조』(한일문화교류센터, 2001)를 참고했다. 캐서린 루츠Catherine Lutz의 『Unnatural Emotions』(University of Chicago Press, Chicago, 1988)는 그가 정서 세계의 문화적 연구 분야의 선구자임을 여실히 드러냈다. 위대한 언어학자 안나 비르츠비카Anna Wierzbicka는 의미론을 통해 감정의 다양한 변주를 연구한 『Semantics, Culture, and Cognition』(Oxford University Press, Nueva York, 1992)를 집필했다.

나는 『동기 부여의 비밀Los secretos de la motivación』(Ariel, Barcelona, 2011)에서 설명한 것처럼, 인간의 행복은 세 가지의 큰 욕망이 조화롭게 만족되는 상태라고 본다. 복지에 대한 욕망, 만족스러운 사회적 관계 유지에 대한 욕망, 개인적인 가능성 확대에 대한 욕망, 이 세 가지다. 마지막 개인적인 가능성 확대에 대한 욕망은 권력이나 창조성, 목표 달성을 향한 열망 등 확장적인 욕망을 말한다. 마르셀 오트Marcel Otte는 『À l'aube spirituelle de l'Humanité』(Odile Jacob, París, 2012)에서 목표 달성을 향한 열망은 선사시대 이후 인간이 꿈꾸어 온 프로메테우스적 열망이라고 했다.

6장: 5장까지는 우리 종의 출현에 대해 연구했다. 이제 이 새로운 '영적 동물'이 어떻게 역사를 창조해 냈는지 연구할 차례다. 인간 문화의 진화를 이야기하는 것은 그것을 극적으로 단순화하지 않고서는 불가능한 과제다. 나는 세 가지 축의 시기로 구성하는 방법을 택했다. 세 개의 문화적 축은 인류의 운명을 바꾸어 놓았으며 도시, 영성, 반항이라는 세 가지 아이콘으로 표현된다. 커다란 도약은 없었던 것 같지만 천천히 진행된 진화가 있었기 때문에 모든 변화는 이전의 상황에서 비롯된다. 영장류학자인 프란스 드 발Frans de Waal은 우리가 가진 능력의 대부분은 영장류가 가진 재능의 연장일 뿐이라는 것을 설득하는 데 연구 인생을 바쳤다. 그러한 특징은 장쾌하고 열정적인 그의 작품들에서 잘 드러난다. 『Primates and Philosophers』(Paidós, Barcelona, 2007), 『내 안의 유인원』(김영사, 2005), 『침팬지 폴리틱스』(바다출판사, 2018).

비판적이기보다 풍부한 생성 지능의 상징적 사고의 붕괴로 우리의 먼 조상들이 현실과 비현실을 분리하는 데 어려움을 겪었을 가능성이 매우 높다. 인지고고학자 데이비드 루이스 윌리엄스는 인류의 기원을 이야기할 때 '의식의 변화된 상태'의 중요성을 강조했다. 원시 문화에서 샤머니즘의 존재가 그에게 하나의 증거가 된다. 사람들은 농부가 된 결과로써가 아니라 농부가 되기 전에 종교와 상징성을 바꾸었다. 인류 역사의 이 특이한 시점에 종교가 다른 무엇보다 선행한다는 것에 대한 반박할 수 없는 증거들이 있다. 루이스 윌리엄스는 『The Mind in the Cave』(Akal, Madrid, 2010)와 데이비드 피어스와 함께 쓴 『Inside the Neolithic Mind』(Akal, Madrid, 2015)에서 자신의 생각을 여실히 드러내었다. 종교와 샤머니즘의 기원에 관한 그들의 연구는 내게 시사하는 바가 무척 크다[D. Lewis-Williams, 『Conceiving God: The Cognitive Origin and

Evolution of Religion』, Thames & Hudson, Londres, 2010; D. Lewis-Williams and J. Clottes, 『The Shamans of Prehistory: Trance Magic and the Painted Caves』, Abrams, Nueva York, 1998]. 선사시대에 향정신성 물질이 가진 중요성을 강조하는 작가들도 있다. 로버트 카네이로Robert Carneiro는 「Scale Analysis as an Instrument for the Study of Cultural Evolution」 (Southwestern Journal of Anthropology, 18 (2), 1962, pp. 149-169)에서 발효 음료를 문화적 보편성으로 간주한다. 천부적인 영적 재능을 갖고 있던 고대 인도유럽인들이 '소마'라는 음료를 음용했다는 사실을 우리는 이미 알고 있다. 다니엘 로드 스메일Daniel Lord Smail은 자신의 저서 『History and the Brain』(University of California Press, 2007)에서 인류에게 향정신성 이야기가 필요한 이유를 강조했다.

농업으로 인해 유목 생활에서 정착 생활로 넘어가면서 새로운 것들이 폭발하듯 나타났다. 잉여, 도시, 국가, 문자, 공공 사업, 법 등등. 그중에서도 광범위한 사회로 전환된 것은 중요한 도약이라 할 것이다. 새로운 형태의 사회성이 요구되고 더 많은 가능성이 허락되었기 때문이다. 도시는 또 하나의 평행한 발명이다. 많은 장소에서 나타났다. 그웬돌린 라이크Gwendolyn Leick는 메소포타미아 지역에서 고대 도시 중 하나를 연구했다『도시의 발명La invención de la ciudad』(Paidós, Barcelona, 2002). 피터 클라크Peter Clark는 『The Oxford Handbook of Cities in World History』 (Oxford University Press, Oxford, 2013)의 집필을 이끌었다. 에드워드 글레이저의 『도시의 승리』(해냄, 2011)도 눈여겨볼 만하다. 학자들 사이에는 창조성을 인구의 규모와 연관 짓는 것에 대한 합의가 있다. 로빈 던바Robin Dunbar는 『인류 오디세이La odisea de la humanidad』(Crítica, Barcelona,

2004, p. 75)에서 '영장류의 사회 집단 규모와 신피질의 양 사이에는 상관관계가 있다. 이는 그들이 살았던 복잡한 사회 세계에 직면하여 더 큰 두뇌를 개발하도록 이끌 필요가 있었음을 나타내는 대목이다'라고 말한다. 미셸 클라인과 로버트 보이드는 논문 「Population Size Predicts Technological Complexity in Oceania」(Proceedings of the Royal Society B, vol. 277, n.º 1693, 2010)에서 같은 논조의 의견을 피력했다.

조셉 하인리히는 우리 종이 성공한 이유에 대하여 개인의 지능이 아니라 공동체가 가진 '집단 뇌'의 힘에 있다고 말한다(『우리의 성공 비결』). 인지 지능과 감정 지능이라는 지능에 대한 이중 역사가 재등장한다. 이 책이 놀라운 이유 중 하나다. 조너선 하이트는 『바른 마음』에서, 합리적인 경험보다는 정서적인 경험에 호소하는 인간의 '초사회성'을 설명하려 한다. 여기서 강력한 인간적인 감정인 동정이 등장했다. 동정은 동물 세계에는 존재하지 않는 현상이라고 페니 스피킨스P. Spikins는 『How Compasion Made Us Human』(Pen and Sword Books, Barnsley, 2015)에서 말한다. 타인에게 이타적인 감정을 느낀다는 것은 리처드 도킨스가 『이기적 유전자』(을유문화사, 2010)에서 주장한 바와는 정반대다. 동정이라는 감정을 설명하기 위해 일부 학자들은 일종의 원인 시스템인 '상호 이타성'이라는 개념을 제시했다[Samuel Bowles, Robert Boyd, Ernst Fehr and Herbert Gintis, 「Homo reciprocans: A research initiative on the origins, dimensions, and policy implications of reciprocal fairness」, Advances in Complex Systems, vol. 4, n.º 1, 1997, pp. 1-30]. 위대한 인류학자 이레내우스 에이블 아이베스펠트Irenäus Eibl-Eibesfeldt는 『사랑과 증오. 인간행동의 자연사Amor y odio. Historia natural del comportamiento humano』(Salvat Editores,

Barcelona, 1994)에서 문화의 기원에 나타난 사랑과 증오 사이의 긴장을 역설했다. 타인과의 타협을 이롭게 한 다른 감정은 명예, 권위, 영광 등이 다[장 피에르 베르낭J. P. Vernant,『고대 그리스의 개인, 죽음, 사랑El individuo, la muerte y el amor en la antigua Grecia』, Paidós Ibérica, Barcelona, 2001, p. 56]. 데이비드 헤어David Hare와 마이클 토마셀로에 따르면, 집단은 구성원들의 협동심을 필요한 수준만큼 개발하기 위해서 더 공격적인 개인을 소외시키거나 살해했다. 그런 식으로 자신의 폭력성을 제어하는 개인들을 선택했다. 이러 주장에 대하여 마이클 가자니가는 『뇌로부터의 자유』(추수밭, 2012)에서 신경학적인 관점에서 동의를 표했다. 호세 루이스 에란스 기옌José Luis Herranz Guillén의 「사회과학에 의해 개발된 인간의 본성에서 협동에 관한 기초 연구Estudio de los fundamentos de la cooperación en la naturaleza humana desarrollados por las ciencias sociales」(tesis doctoral publicada en internet, Universidad de Salamanca)에서도 이 주제에 대한 훌륭한 논고를 확인할 수 있다.

사회적 지능은 내가 『실패한 문화Las culturas fracasadas』(Anagrama, Barce-lona, 2010)에서 다루었던 주제다. 프란츠 요한슨이 『메디치 효과』(세종서적, 2015)를 통해 대중화시킨 개념이기도 하다. 존 F. 파젯J. F. Padgett과 폴 D. 맥린P. D. McLean의 공저 『Organizational Invention and Elite Transformation: The Birth of Partnership Systems in Renaissance Florence』(American Journal of Sociology, vol. 111, n.º 5 (marzo de 2006), p. 1545.)도 참고하길 권한다.

7장: 위대한 종교적 혁신이 있었던 시대를 일컫는 말로 쓰이는 '축의 시대'는 칼 야스퍼스가 『역사의 기원과 목표』(이화여자대학교출판부, 1986)

에서 제창한 개념으로, 후대에 의해 수용되어 사용되고 있다. 로버트 벨라Robert Bellah와 한스 요하스Hans Joas의 『The Axial Age and Its Consequences』(Harvard University Press, Cambridge, 2012)에 게재된 멀린 도날드Merlin Donald의 「An Evolutionary Approach to Culture: Implications for the Study of the Axial Age」와, 벤저민 슈워츠Benjamin I. Schwartz의 「The Age of Transcendence」(Daedalus, 104, 2, 1975), 비요른 위트록Björn Wittrock의 「The Axial Age in Global History」를 인용한다.

로버트 벨라는 이 주제와 관련하여 『Religion in Human Evolution: From the Paleolitic to the Axial Age』(Harvard University Press, Cambridge, 2011)를 포함한 저서들을 통해 탁월한 혜안을 여지없이 드러낸다. 카렌 암스트롱의 『축의 시대』(교양인, 2010)도 꼭 읽어야 할 책이다. 암스트롱의 다른 저서들과 마찬가지로 이 시대의 가장 흥미로운 종교 역사가라는 인상을 주기에 충분한 작품이다. 『신의 역사1, 2』(동연, 1999), 『신을 위한 변론』(웅진지식하우스, 2010), 『유대교, 기독교, 이슬람 세계에 나타나는 근본주의의 기원Los orígenes del fundamentalismo en el judaísmo, el cristianismo y el islam』(Tusquets, Barcelona, 2017) 등은 모두 나무랄 데 없이 훌륭한 작품들이다.

인간의 진화를 논할 때 종교적 사실을 배제할 수는 없는 노릇이다. 인류학자들은 이를 두고 문화의 출현과 동시에 나타나는 보편적 문화 현상이며[니콜라스 웨이드, 『종교 유전자』, 아카넷, 2015], 문화 창조 자체의 기초가 된 현상[로이 라파포트Roy A. Rappaport, 『인류 형성에서 의식과 종교의 역할Ritual y religión en la formación de la humanidad』, Ediciones Akal, Madrid, 2016]이라고 했다. 심리학자들은 이 보편성을 설명하려고 시도했었다[스티븐 핑커, 『마음은 어떻게 작동하는가』, 동녘사이언스, 2007; 파스칼 보이어Pascal Boyer, 『Functional Origins of Religious Concepts: Ontological and Strategic Selection in Evolved Mind』, Journal of the Royal Anthropological Institute, vol. 6, n.º 2, 2000]. 데이비드 슬론 윌슨은 자신의 걸출한 저서『종교는 진화한다』(아카넷, 2004)에서, 만약 진화에 유용하지 않았다면 그런 큰 희생을 담보하는 활동은 지속되지 않았을 거라고 주장했다.

'기중기'는 마리아 데 라 발고마와 내가『존엄성 투쟁』에서 사용한 개념이다. 대니엘 데닛도『Darwin's Dangerous Idea』에서 언급했다는 사실은 이후에 알게 되었다. 나는 그 개념이 매우 훌륭한 은유법이라 생각해서『Zoom 철학 협정』등 다른 작품에도 여러 차례 사용했다. 앙리 드 뤼박Henri de Lubac이 '20세기 최고의 석학'이라 칭송한 한스 우르스 발타자르Hans Urs von Balthasar는 대작『영광. 신학적 미학Gloria. Una estética teológica』(Ediciones Encuentro, Madrid, 1985-1989)에서 종교적 경험과 미적 경험 사이의 유사성에 대하여 철저하게 논고했다. 도스토예프스키의 목소리가 메아리가 되어 귓전을 맴돈다. '오직 아름다움만이 세상을 구할 것이다.'

성찰과 메타 지식의 두 번째 축의 시대는 정치와 경제 분야에서도 일어났다. 돈이라는 주제는 나에게 언제나 흥미로운 주제로,『Zoom 철학 협정』에서 인간 지능의 가장 커다란 허구 중 하나로 다룬 바 있다. 나와 전혀 다른 관점에서 돈을 다룬 책 몇 권을 소개한다. [리처드 시포드Richard Seaford, 『Money and the Early Greek Mind』, Cambridge University Press, Cambridge, 2004; 잭 웨더포드, 『돈 상식사전』, 길벗, 2009; 밀턴 프리드먼Milton Friedman, 『돈의 역설Paradojas del dinero』, Grijalbo, Barcelona, 1992; 데이비드 그레이버, 『부채 그 첫 5000년』, 부글북스, 2011]. 그리고 지식과 유머를 부러우리 만치 작품 속에 조화롭게 녹여낸 존 랜체스터John Lanchester의 『돈에 대해 이야기하는 법Cómo hablar de dinero』(Anagrama, Barcelona, 2015), 『이런! 왜 빌리는 사람만 있고 갚는 사람은 없지?Huy! Por qué todo el mundo debe a todo el mundo y nadie puede pagar』(Anagrama, Barcelona, 2010) 등이 있다.

　로버트 라이트는 인류의 진보는 모두가 승자가 되는 '포지티브섬 솔루션'의 채택으로 이루어진다는 주장을 『넌제로: 하나된 세계를 향한 인간 운명의 논리』(말글빛냄, 2009)라는 훌륭한 작품에서 펼치고 있다.

8장: 평가 기준이 지능의 위대한 창조물이라는 아이디어는 『창조적 지능 이론Teoría de la inteligencia creadora』에서 이미 등장했다. 나는 알바로 폼보Álvaro Pombo와 함께 쓴 『문학적 창의성La creatividad literaria』에서 그 아이디어를 재차 언급하게 되었다. 평가 기준은 지능이 만들어 낸 것이기도 하지만, '이중 지능 이론'의 숙명적인 결과이기도 하다. 지능이 담당한 일이 행동을 '잘' 이끌어 '좋은' 해답을 찾아내는 것이라면, 지능이 가치, 그러니까 감정 세계와 맺는 관계라는 문제가 제기된다. 그것은 지능과 윤리의 관계를 말한다. 우스벡이 이 문제에 관심을 보이는 건 당연한 일이다. 그것은 우리 인간들이 제기한 문제이기 때문이다. 우리 세계를 정의하기에 과학은 충분치 않다. 하비에르 람바우드Javier Rambaud와 나는 공저 『인류의 일대기』에서 인간의 창조물 중 진보라는 가치를 가장 잘 드러내는 것은 법률의 진화라고 주장한다. 나는 위대한 법사학자인 루돌프 폰 예링Rudolf von Ihering이 한 말에 전적으로 동의한다. '세월에 따른 윤리적인 생각의 흐름은 여전히 천체의 움직임보다 더 신비롭다'[루돌프 폰 예링, 『권리를 위한 투쟁』, 책세상, 2018;『법의 목적El fin del derecho』, Cajica, Puebla México, 1961].

나는 이 책의 전반부에서 문화의 역사란 행복을 찾아 떠난 여정의 역사라고 했다. 그런데 주관적이고 개인적인 행복과 객관적인 행복, 그리고 사회적 행복과 공동의 행복을 잘 구분해야 한다. 한스 켈젠Hans Kelsen에 따르면, 정의는 '사회적 행복'을 구축한다『한스 켈젠의 정의란 무엇인가』(UUP, 2018). '공공의 행복'이라는 주제는 18세기 정치 이념의 핵심 주제였다. [『Francesc Romà i Rossell』, Las señales de la felicidad en España (1768), Alta Fulla, Barcelona, 1989; Luca Scuccimarra, 『"… popolo infelice non ha patria". Politiche della felicità nel Settecento』, en B. Consarelli y N. di Penta (eds.), Il mondo delle passioni nell'immaginario utopico, Giufé, Milán; Anna Maria Rao (ed.), Felicità pubblica e felicità privata nel Settecento, Edizioni di Storia e Letteratura, Roma, 2012].

세 번째 축의 시대에는 평가 기준과 평가 기준을 정하는 주체에 변화가 일어났다. '감히 알려고 하라!'는 말은 '감히 네 스스로 결정하라!'는 뜻이다[『칸트, 계몽이란 무엇인가?Qué es la Ilustración?』(en Filosofía de la historia, FCE, México, 1985)]. 이후 개인주의와 비판적 사고라는 움직임이 나타난다. 그것은 진화에서 매우 강력한 논리, 즉 순종이라는 논리를 깨뜨렸다. 엘코논 골드버그는 최근 발표한『창의성』(시그마북스, 2019)에서 순종의 중요성을 언급했다. 자율성을 추구한다는 것은 순종과 관련하여 수천 년 동안 전해 내려온 다문화적 전통과의 단절을 의미한다[제롬. B. 슈니윈드,『근대도덕철학의 역사1-자율의 발명』, 나남출판, 2018].

리처드 니스벳은『생각의 지도』(김영사, 2004)에서 동서양의 사고방식의 차이를 실험적으로 연구했다. 문화심리학은 그 차이를 과장으로 몰고 갔다. 리처드 슈웨더R. A. Shweder의 『Cultural psychology – what is it?』, [J. W. Stigler, R. A. Shweder y G. Herat (eds.), 「Cultural Psychology: Essays on Comparative Human Development」, Cambridge University Press, Cambridge, 1990], 타츠히코 츠노다T. Tsunoda의 『The Japanese Brain: Uniqueness and University』(Taishukan Pub., Tokio, 1985), 이얀 발지너J. Valsiner의 『Culture in Minds and Societies. Foundations of Cultural Psychology』(Sage, Londres, 2007)와 『Cultural psychology today: Innovations and oversights』(Culture & Psychology, 15, 2007; pp. 5-39), [J. Valsiner y A. Rosa (eds.), 『The Cambridge Handbook of Sociocultural Psychology』, Cambridge University Press, Cambridge, 2007]등을 참고했다.

'존엄성'이라는 개념의 진화와 그것을 '새로운 자연법'의 기본으로 보는 시각은 마리아 데라 발고마와 내가 『존엄성 투쟁』에서 이미 다룬 바 있다. '본질의 추구'는 아그네스 헬러Agnes Heller의 『본능, 공격성, 성격 Instinto, agresividad y carácter』(Paidós, Barcelona, 1980)과 아르놀트 겔렌Arnold Gehlen의 『철학적 인류학Antropología filosófica』(Paidós, Barcelona, 1993)을 참고했다. 얀 토마스Yan Thomas는 자신의 법학 소설에서, 존엄성이라는 개념은 다른 방식으로 그것을 확립하기 위해 사물이 가진 본연의 자연적인 질서를 위반한다고 말한다[얀 토마스, 『Les artifices de la vérité en droit commun médiéval』, Archives de Philosophie du Droit, XIX, 1974].

에필로그 : 우스벡은 켄타우로스 프로젝트에서 내가 연구하는 지능의 형태를 극적으로 표현한 인물이다. 프로젝트 명칭은 내가 정한 것이 아니

라 카스파로프가 IBM이 만든 체스 프로그램과의 대결에서 패한 뒤 언급한 것이다. 카스파로프는 컴퓨터와의 대전에서 패한 후 스스로 질문했다. '만약 인간과 컴퓨터가 서로 경쟁하지 않고 협력한다면 어떻게 될까?' '인간과 컴퓨터가 한 팀이 되어 다른 인간과 다른 컴퓨터로 구성된 다른 팀과 겨룬다면 어떻게 될까?' 그렇게 된다면 인간과 컴퓨터는 서로의 능력을 이용할 수 있게 될지도 모른다. 컴퓨터는 인간보다 훨씬 빠른 분석력을 자랑하고, 인간에게는 직관과 통찰력이 있다. 그렇게 서로의 장점만을 가진 하이브리드 선수, 켄타우로스가 탄생하게 될 것이다 [클라이브 톰슨, 『생각은 죽지 않는다』, 알키, 2015]. 우리는 이러한 새로운 형태의 지능을 이해할 준비를 해야 한다. 로랑 알렉상드르Laurent Alexandre는 누가 켄타우로스의 머리를 차지할 것인지 묻는다. 인간의 뇌가, 아니면 컴퓨터가? 그런데 사실 인공지능이 제기하는 가장 심각한 문제는 따로 있다. 미래에는 누가 결정권을 가질 것인가? 알렉상드르는 『La guerre des intelligences』(Éditions JC Lattès, París, 2017)에서 나노기술, 생명공학, 정보공학, 인지과학(NBIC) 블록의 영향력에 대해 말한다. 로빈 핸슨Robin Hanson은 『뇌복제와 인공지능 시대』(CIR, 2020)를 통해 인간과 기계의 조화로운 공존을 논한다.

'포스트휴머니즘'을 다루는 문학은 계속해서 성장하고 있다. 우스벡이 주장하는 내용들도 사실 거기서 나왔다. 『인류의 일대기』를 통해 나는 특이점이나 포스트휴머니즘 또는 트랜스휴머니즘의 도래를 앞둔 시점에 휴머니즘에 작별을 고하기 전에 휴머니즘이 무엇이었는지 알아야 한다는 주장을 펼쳤다. 유발 노아 하라리가 이와 유사한 생각을 두 권의 저서에서 밝혔다. 『호모데우스』(김영사, 2017)와 『21세기를 위한 21가지

제언』(김영사, 2018)이다. 프란시스 후쿠야마는 정치 기관들의 진화에 관해 쓴 이전 작품들과 연관 지어 『인간의 종말El fin del hombre: consecuencias de la revolución biotecnológica』(Zeta Bolsillo, Madrid, 2008)에서 미래를 예측했다. '모라벡의 역설'은 감각적이고 무의식적인 기술을 제공할 때 오히려 더 큰 정보 처리 능력이 요구된다는 사실을 확인한 전문가들의 놀라움을 표현한 말이다. 한스 모라벡은 '컴퓨터가 지능 테스트와 같은 테스트에서는 성인과 유사한 능력을 보이도록 하기는 쉽지만, 오히려 한 살 아기 수준의 지각하고 이동하는 기술을 제공하기는 어렵거나 아예 불가능하다'고 말했다[『마음의 아이들』(김영사, 2011)]. '인간 능력의 역공학'에 관심을 가진 사람들을 위한 결론으로 그는 이렇게 말한다. '우리가 겪는 어려움이 진화적으로 나타나는 데 걸리는 시간의 양에 비례하여 나타나기를 바라야 한다.' 로드니 브룩스Rodney Brooks라는 로봇 분야의 뛰어난 전문가가 시도한 다수의 실험도 무척 인상 깊다[『Intelligence Without Representation, Artificial Intelligence』, 47 (1-3), 1991, pp. 139-159; 『Flesh and Machines』, Pantheon Books, 2002]. 로널드 베일리Ronald Bailey는 또 한 명의 트랜스휴머니즘 수호자이다(『Liberation Biology: The Scientific and Moral Case for the Biotech Revolution』(Prometheus Books, 2005). 뤽 페리Luc Ferry는 『트랜스휴머니즘 혁명La revolución transhumanista』(Alianza, Madrid, 2017)을 썼다.

캐스린 애쉬버리Kathryn Asbury와 로버트 플로민Robert Plomin은 『G is for Genes』에서, 학생들은 각자 DNA 염기서열을 분석한 뒤 학습 능력의 강점과 약점을 나타낸 '유전 지표'를 가지고 학교에 가게 될 수도 있다고 예측한다. 스테판 수Stephen Hsu는 『Super-Intelligent Humans Are Coming: Genetic Engineering Will One Day Create the Smartest

Humans Who Have Ever Lived』(Nautilus, 18, octubre de 2014)를 집필했다.

나는 우스벡이라는 인물을 통해 한 가지 위험을 피하고자 한다. 인간의 진화는 우리에게 인지 및 관리 도구의 진보와 동시에 동정이라는 감정(공격성과 연대성의 부족도 함께)을 가져왔다. 내가 『성욕의 퍼즐El rompecabezas de la sexualidad』에서 강조한 바 있듯이 성적인 측면에서도, 우리는 동물들에게서 보이는 것처럼 폭력적인 요소가 있는 순수하게 성적인 관계가 다정함이라는 감정과 교잡되는 것을 목격했다. 정보 기술은 정보, 그것을 제공한다. 엄청난 숙련도를 뽐내며 데이터와 강력한 논리, 극도로 복잡한 수학적 알고리즘을 처리한다. 그렇지만 고통과 기쁨이라는 기본적인 감정에서 구축되는 정서 세계를 처리하는 방법은 알지 못한다. 인간 지능이 패턴을 인식하는 기본적인 능력으로 놀라운 과학 구조를 만들어 내는 것과 같은 방식으로, 끊임없이 행복을 추구하는 지능이 기본적인 정서 세계로부터 인간을 '존엄성을 부여받은 자'로 재정의하게 된 윤리와 법을 구원하는 창작물로 만들어 냈다. 이 모든 것이 하나의 허구다. 그렇지만 구원하는 허구다[호세 안토니오 마리나, 『구원자적 픽션으로서의 윤리La ética como ficción salvadora』, en Ética y filosofía política: Homenaje a Adela Cortina, Tecnos, Madrid, 2018]. 감정을 '병리학적'이라는 이유로 배제한 칸트주의의 엄격한 전통을 고수하는 교육을 받은 아델라 코르티나Adela Cortina는 결국 『정중한 이성의 윤리Ética de la razón cordial』(Ediciones Nobel, Oviedo, 2009)를 썼다.

우스벡의 말처럼 윤리가 진정한 인간 진보의 기준이며 지능이 만들어 낸 최고의 창조물이라는 것을 잊는 것이야말로 퇴보가 아닐까.

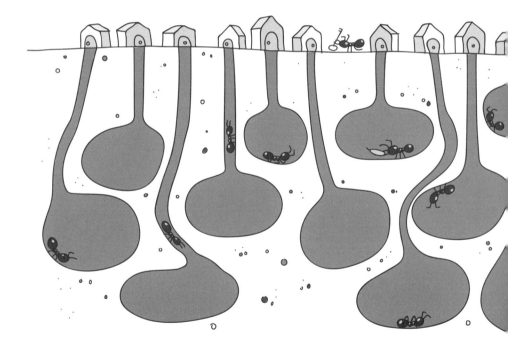

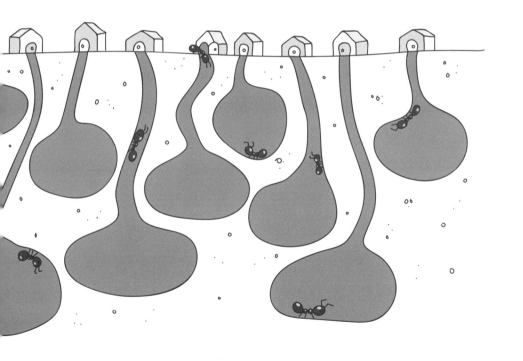

지능의 역사

초판 1쇄 인쇄 2021년 2월 20일
초판 1쇄 발행 2021년 2월 25일

지은이 | 호세 안토니오 마리나
그린이 | 마르쿠스 카루스
옮긴이 | 윤승진

펴낸이 | 정상우
편집주간 | 주정림
교정교열 | 장경수
디자인 | 석운디자인
인쇄·제본 | 두성 P&L
용지 | (주)이에스페이퍼
펴낸곳 | 라이팅하우스
출판신고 | 제2014-000184호(2012년 5월 23일)
주소 | 서울시 마포구 잔다리로 109 이지스빌딩 302호
주문전화 | 070-7542-8070 팩스 | 0505-116-8965
이메일 | book@writinghouse.co.kr
홈페이지 | www.writinghouse.co.kr

한국어출판권 ⓒ 라이팅하우스, 2021
ISBN 978-89-98075-80-4 (03900)